Basilius Doppelfeld OSB

Lassen

VIER-TÜRME-VERLAG MÜNSTERSCHWARZACH
1996

Die Deutsche Bibliothek – CIP-Einheitsaufnahme

Doppelfeld, Basilius :
Lassen / Basilius Doppelfeld. – 1. Aufl. –
Münsterschwarzach : Vier-Türme-Verl., 1996
    (Münsterschwarzacher Kleinschriften ; Bd. 101)
    ISBN 3-87868-601-3
NE: GT

2. Auflage 1997
Gesamtherstellung: Vier-Türme GmbH, D-97359 Münsterschwarzach Abtei
© by Vier-Türme GmbH, Münsterschwarzach Abtei
ISSN 0171-6360
ISBN 3-87868-601-3

MÜNSTERSCHWARZACHER KLEINSCHRIFTEN

herausgegeben
von den Mönchen der Abtei Münsterschwarzach

Band 101

Basilius Doppelfeld OSB

Lassen

VIER-TÜRME-VERLAG MÜNSTERSCHWARZACH
1996

INHALT

Einleitung

Lassen ist ein weites, ein vielschichtiges und auch ein heikles Thema. Wie vielschichtig, das zeigen bereits einige Zusammensetzungen des Wortes Lassen: Anlassen und Ablassen, Zulassen und Freilassen, Gelassen und Verlassen, Loslassen und Überlassen, Vorlassen und Nachlassen, Hinlassen und Weglassen, Auflassen und Überlassen. Nur von einigem ist in diesem Büchlein die Rede, wie das Inhaltsverzeichnis zeigt. Vor allem das Loslassen und Verlassen in einigen seiner Bedeutungen wird thematisiert. Das hat seinen Grund. Diese Kleinschrift steht im Zusammenhang mit einem anderen Titel dieser Reihe: „Bleiben" (Münsterschwarzacher Kleinschriften, Bd. 96, erschienen 1996). Und dieser wiederum voraus ging ein Taschenbuch mit dem Titel „Christsein heißt anfangen" (Herder Taschenbücherei, Bd. 1726, 1990). So schließt das vorliegende Büchlein „Lassen" einen Zyklus, der sich „Anfangen – Bleiben – Lassen" zum Thema gestellt hat, drei Grundhaltungen des Menschen, die aufeinander folgen, voneinander abhängen und sich beeinflussen. Diese Zusammenhänge werden vielleicht später eigens einmal entwickelt.

Lassen hat mit dem Ende zu tun, mit dem bewußten Abschließen von etwas Vorausgehendem. Da stellen sich Fragen: Was habe ich schon alles aufgegeben, beendet, abgeschlossen oder einfach fallengelassen? Was muß ich noch lassen, mir abgewöhnen, bleibenlassen, verlassen? Was muß ich zulassen, mir gefallenlassen, an mir geschehenlassen? Nicht auf alle diese Fragen können hier Antworten gegeben werden, doch die angesprochenen Themen wollen anleiten zum Weiterdenken, gerade auch im Kontext der drei Schritte von Anfangen – Bleiben – Lassen. Das Anfangen ist

Vorbereitung, Weichenstellung und Start; das Bleiben meint Dauer, Kontinuität und Verläßlichkeit, aber auch Verharren und Verhärtung; das Lassen erscheint danach als Freiwerden, Loslassen, Abstandgewinnen bis hin zur Sterbevorbereitung.

In einem ersten Kapitel wird das Thema „Lassen" von der Heiligen Schrift her betrachtet, wobei selbstverständlich nur Akzente gesetzt werden können. Die Überschrift „Zieh weg aus deinem Land! – Verlaß uns nicht, Herr, unser Gott" verdeutlicht bereits, worum es geht: um den Exodus des Abraham als Paradigma des Glaubens an das Neue, das Gott offenbart. Und um die Jünger Jesu, die alles verlassen, um ihm nachzufolgen, der ein neues Gottesverhältnis predigt. Um das Freiwerden von alten und falschen Anhänglichkeiten, von falschen Bildern und Erwartungen. Um das Verlassen des Alten und Bisherigen als Voraussetzung, selbst neu zu werden. Und schließlich um die Verlassenheit, die auch Jesus erfahren und erlitten hat.

„Verlaß alles – dann komm!" ist das zweite Kapitel überschrieben, das dem Thema „Lassen" im frühen christlichen Mönchtum nachspürt, ausgehend von dem Jesus-Wort: „Wenn du vollkommen sein willst, geh, verkauf deinen Besitz und gib das Geld den Armen…, dann komm und folge mir nach" (Mt 19, 21). Dieses Schriftwort ist von den Mönchsvätern radikal verstanden und gelebt worden als ein Bemühen um Reinheit des Herzens und um kompromißlose Jesusnachfolge.

An die Erfahrung der ersten Mönche schließt Benedikt von Nursia mit seiner Mönchsregel bewußt an, setzt aber andere Akzente, wie im dritten Kapitel unter der Überschrift „Seine Hoffnung Gott überlassen" dargelegt wird. Benedikts

Programm der Lebensgestaltung hat nicht nur für Mönche Bedeutung, sondern ist seit früher Zeit eine in weiten Teilen der Christenheit gesuchte Pädagogik, die auch heute, beispielsweise in Management-Seminaren, wiederentdeckt wird.

Nach den ersten drei Kapiteln, die sich vornehmlich damit beschäftigen, was die christliche Tradition zum Thema „Lassen" zu sagen hat, geht es in der Folge um das Lassen in unserer Zeit und Gesellschaft mit seinen Schwierigkeiten und Herausforderungen, aber auch mit seinen Chancen. Im vierten Kapitel, überschrieben „Ich kann es nicht lassen", werden Gewöhnung, Abhängigkeit und Sucht zum Thema gemacht. Darauf folgt im fünften Kapitel die Beschäftigung mit Alter und Krankheit unter dem Titel „Wenn die Kräfte nachlassen". Vom Sterben als dem letzten und oft auch schwersten Lassen handelt das sechste Kapitel: „Den Tod täglich vor Augen haben". Gedanken zum Thema „Gelassenheit – die Frucht des Lassen" fassen die vorausgehenden Kapitel zusammen.

„Zieh weg aus deinem Land!"
Verlaß uns nicht, Herr, unser Gott

Die Geschichte Israels ist ein ständiges Hin und
Her von Bleiben und Verlassen, von Treue und
Untreue, von Verhaftetsein im Bösen und von der
Unfähigkeit, das Gute zu beginnen, von guten
Vorsätzen und falschen Rücksichten. Zwei The-
men stehen dabei im Vordergrund: der Exodus –
eindringlich geschildert als der Auszug des Vol-
kes Israel aus Ägypten – und die Angst vor der
Gottverlassenheit.

Der Exodus, wie er im gleichnamigen Buch des
Alten Testamentes beschrieben wird, ist zum Inbegriff und Bild für das Neue geworden, das Gott
mit den Menschen vorhat und das er ihnen zugleich zutraut und zumutet. Dieser Exodus hat
aber schon früher begonnen; er begegnet uns
historisch zum ersten Mal bei der Berufung Abra-
hams: „Der Herr sprach zu Abram: Zieh weg aus
deinem Land, von deiner Verwandtschaft und aus
deinem Vaterhaus in das Land, das ich dir zeigen
werde. Ich werde dich zu einem großen Volk
machen, dich segnen und deinen Namen groß
machen. Ein Segen sollst du sein. Ich will segnen,
die dich segnen; wer dich verwünscht, den will ich
verfluchen. Durch dich sollen alle Geschlechter
der Erde Segen erlangen" (Gen 12,1-3). Der altte-
stamentliche Gott ist ein Gott des Aufbruchs, ein
Gott, der den Menschen weiterführt, aus der
Ichverhaftetheit und der Bindung an das Alte,
Bekannte und nur zu Gewohnte hin zu neuen
Horizonten; ein Gott, der dem Menschen Zukunft gibt. Paulus, der selbst mit dem Neuen
konfrontiert worden ist, der zu Boden geworfen
wurde und der sein Welt- und Gottesbild in
Scherben gehen sah, als ihm Jesus vor Damaskus
erschien (vgl. Apg 9; Gal 1), nennt Abraham den

„Vater des Glaubens" (vgl. Röm 4; Gal 3). Es braucht schon einen starken Glauben und ein festes Vertrauen, um das Bisherige und Vertraute loszulassen und zu verlassen, ohne das Neue schon in der Hand zu haben, nur auf Hoffnung hin. Diese Sehnsucht nach dem Neuen und Größeren, das nur im Loslassen des Alten ergriffen werden kann, hat Paulus aus eigenem Erleben so beschrieben: „Ich vergesse, was hinter mir liegt, und strecke mich aus nach dem, was vor mir ist" (Phil 3,13). Er hat aber auch am eigenen Leib erfahren, daß Loslassen des Alten und Ergreifen des Neuen nicht ohne Schmerzen möglich ist, nicht ohne auf Unverständnis, ja Ablehnung bei den engsten Vertrauten zu stoßen.

Der Mensch hat Angst, verlassen zu werden; eine Urangst, die ihn auf seine Abhängigkeit von anderen von klein auf zurückverweist. Das Alte Testament thematisiert diese Angst, indem sie das Verhältnis von Gott und Mensch, von dem Gott der Offenbarung und dem auserwählten Volk Israel, mit dem Verhältnis von Mann und Frau, insbesondere aber mit der Untreue und dem Ehebruch vergleicht: „Der Herr sagte zu Hosea: Geh, nimm dir eine Kultdirne zur Frau und zeuge Dirnenkinder! Denn das Land hat den Herrn verlassen und ist zur Dirne geworden" (Hos 1,2). Hosea tut, was ihm aufgetragen wird, und wird so zum Zeichen für die Untreue des Volkes. Diese Untreue zieht sich wie ein roter Faden durch das Alte Testament, und immer wieder zeigt sich dasselbe Szenarium: auf Verlassen folgt Verlassen: „Warum hat der Herr diesem Land so etwas angetan? Warum entbrannte dieser gewaltige Zorn: Weil sie den Bund verlassen haben, den Jahwe, der Gott ihrer Väter, mit ihnen geschlossen hatte, als er sie aus Ägypten führte" (Dtn

29,23f). „Ihr habt mich verlassen; darum verlasse auch ich euch" (2 Chr 12,5). Und der Prophet Jesaja sagt es in unübertroffener Kürze und Deutlichkeit: „Wer den Herrn verläßt, wird vernichtet" (Jes 1,28); doch später verkündet er Gottes Trostbotschaft: „Nur für eine kleine Weile habe ich dich verlassen, doch mit großem Erbarmen hole ich dich heim" (54,7). Trotz allem bricht im Alten Testament immer wieder die Erfahrung der Verlassenheit durch, so etwa im Psalm 22: „Mein Gott, mein Gott, warum hast du mich verlassen, bist fern meinem Schreien, den Worten meiner Klage?" (V. 2). Aber auch die Zuversicht auf Erhörung klingt auf: „Du bist doch in unserer Mitte, Herr, und dein Name ist über uns angerufen. Verlaß uns nicht!" (Jer 14,9).

Laß das Alte hinter dir, suche das Neue!

Zu den faszinierendsten Texten der Bibel gehören die Berufungsgeschichten der Propheten und Jünger, Geschichten vom Aufhören und Anfangen. Da sind die jungen Fischer am See von Gennesaret. Jesus sagt zu ihnen: „Kommt her, folgt mir nach! Ich werde euch zu Menschenfischern machen. Sofort ließen sie ihre Netze liegen und folgten ihm" (Mt 4,20); und Lukas fügt hinzu: „Sie zogen die Boote an Land, ließen alles zurück und folgten ihm nach" (Lk 5,11). Die Boote und die Netze, das war ihre Welt und die Existenzgrundlage ihrer Familien; sie verließen ihre Väter (vgl. Mk 1,20) und handelten damit gegen Ehre und Anstand. Sie brachen alle Brükken hinter sich ab; die harmlos klingenden Worte der Evangelien lassen die Konsequenz dieses Aufrufes zum Verlassen und ihrer Antwort kaum ahnen. Ähnlich war es mit Levi, dem Zöllner; er

„stand auf, verließ alles und folgte Jesus" (Lk 5,28). Das Aufstehen veranschaulicht, was da geschah: Ein Mensch stand auf und stieg aus der Verstrickung in Politik und Geschäft aus, um sich auf den einzulassen, der ihm keinerlei Sicherheit zu geben hatte, ja der nach eigener Aussage „keinen Ort hat, wo er sein Haupt hinlegen kann" (Mt 8,20). Kein Wunder, daß die Gäste des Abschiedsmahles, alle honorige Persönlichkeiten, Anstoß nahmen. Man geht nicht fort, man bleibt. Aber genau das ist Jesu Botschaft nicht. Was er fordert und selbst vorlebt, ist anstößig, ja unanständig: „Laß die Toten ihre Toten begraben" sagt er dem, der, bevor er sich ganz auf Jesus einläßt, wenigstens noch der Anstandspflicht nachkommen will, seinen Vater zu begraben (vgl. Mt 8,18-22).
Wenn es um Reichtum, Einfluß und Macht ging, dann war Jesus besonders konsequent mit seiner Forderung: Laß es, laß es zurück; verlaß, was dich bindet. „Geh, verkaufe, was du hast", sagt er dem reichen Mann, doch der kann es nicht und geht traurig über sich selbst weg (vgl. Mk 10,17-31). Die Jünger fühlen sich herausgefordert und infragegestellt durch diese Szene, deren Zeugen sie werden, und Petrus fragt nach: „Wir haben alles verlassen und sind dir nachgefolgt" (Mk 10,28). Was bringt uns das?, so klingt es durch. Jesus schwächt seine Botschaft vom Verlassen und Freiwerden nicht ab; er spricht sogar vom Verlieren: „Wer sein Leben retten will, wird es verlieren; wer aber sein Leben um meinetwillen und um des Evangeliums willen verliert, wird es retten" (Mk 8,35). Was rechtfertigt solch eine Forderung? Was muß das für ein Ziel sein, dem man soviel und so Sicheres opfert? Bevor wir der Gefahr erliegen, darauf eine fromme Antwort zu geben, vom Himmel und von der ewigen Vergeltung alles Guten und allen Opferns zu reden,

lassen wir Jesus selbst sprechen, in einem seiner stärksten Gleichnisse, der Geschichte vom verlorenen Sohn und barmherzigen Vater (vgl. Lk 15,11-32):

Der jüngere Sohn hat alles durchgebracht; er hat gemeint, sein Glück zu machen und hat doch alles verspielt, alles Geld und jede Aussicht auf eine auch nur einigermaßen gesicherte Zukunft. Kein Geld, kein Glück, keine Perspektive – außer der einen: Kehr zurück zu dem, den du verlassen hast. Verlaß dich auf sein Erbarmen. Du hast keinen Anspruch mehr, doch vielleicht spricht deine Not zum Herzen deines Vaters. Und das weite, warme Herz, das Erbarmen des Vaters, ist dann das einzig Verläßliche für den zutiefst verunsicherten Sohn. Der andere Bruder, der niemals die Geborgenheit des väterlichen Hauses verlassen hat, der sich vielmehr immer auf den Vater verlassen hat, ist mißgünstig, weil neidisch. Er hat nie etwas riskiert, sich nie auf etwas Neues eingelassen – und nun kommt er sich verlassen vor: Der Vater liebt den Nichtsnutz offensichtlich mehr als ihn, den langweilig Verläßlichen, der immer an der Wohlanständigkeit festgehalten hat.

Lassen, loslassen, verlassen hat immer mit einem Ziel zu tun. Bei den Jüngern war es die Faszination eines anderen, sinnvolleren Lebens. Beim „verlorenen Sohn" die Not und die Erinnerung an die Liebe des Vaters. Weshalb gehen wir fort? Weshalb riskieren wir viel, vielleicht sogar alles? Ist es nur Abenteuerlust oder nicht doch im letzten die Sehnsucht nach dem Anderen, dem Größeren, dem Tieferen, dem, was unser Leben mit Sinn erfüllen und uns glücklich machen kann? Oder ähneln wir dem älteren Sohn, dem, der nichts riskiert hat und nun unzufrieden ist, daß die Liebe des Vaters sich dem zuwendet, der fortgegangen

14

ist, sein Erbe durchgebracht hat – aber die Kurve gekriegt, ein neues Leben begonnen hat. Es ist der ewige Streit zwischen den Frommen und den Sündern, den Anständigen und den Hasardeuren. Fortgehen, alles hinter sich lassen, reicht allein nicht aus; man muß auch wissen, was man will. Daheimbleiben aus Angst vor dem Fremden und vor einer Entscheidung, ist keine Alternative. Was ist das Ziel?

Laßt uns fortgehen

Jesus ging auf die Leute zu. Er war ein geselliger Mensch, und das paßte manchen nicht, vor allem denen, die eine gewisse Distanz zu anderen, zu den „Leuten aus dem Volk" brauchten, um ihre eigene Wichtigkeit und Würde zu betonen. Jesus spiegelte sich nicht in der Ehre, die andere ihm erwiesen aufgrund seiner schönen und klugen Reden oder frommen Gebete; seinem Herzen näher lagen die Menschen, die mit ihren Sorgen und Nöten, Leiden und Krankheiten zu ihm kamen. Aber manchmal wurde es auch ihm zuviel, dann konnte er nicht mehr und mußte sich zurückziehen.

Manchen Christen paßt das nicht in ihr Jesusbild: Gottes Sohn muß doch immer und ohne Einschränkung für die Menschen da sein. Das erwarten wir auch von der Kirche, vom Pfarrer und dem hauptamtlichen Personal; das ist im Grunde auch unser Ideal: Ein guter Christ darf niemals müde sein, unpäßlich oder grantig; ihm darf kein unfreundliches Wort herausrutschen; er muß immer vorbildlich sein.

Spüren wir eigentlich, wie wir uns damit überfordern? Wie wir uns selbst verunsichern und auf die Dauer krank machen? Jesu Verhalten in solch einer Situation zeigt uns etwas anderes: „In aller Frühe, als es noch dunkel war, stand er auf und ging an einen einsamen Ort, um zu beten. Simon und seine Begleiter eilten ihm nach, und als sie ihn fanden, sagten sie zu ihm: Alle suchen dich. Er antwortete: Laßt uns anderswohin gehen, in die benachbarten Dörfer, damit ich auch dort predige; denn dazu bin ich gekommen" (Mk 1,35-38). Nach dem Bericht des Evangelisten Lukas wollten ihn die Leute sogar hindern, wegzugehen (vgl. Lk 4,42). Es ging Jesus nicht darum, sich weniger um die Menschen zu kümmern, die zu ihm kamen, oder gar sie sich vom Hals zu halten; es ging ihm nicht um mehr persönlichen Freiraum. Er ging ganz in seiner Sendung auf. Aber er ließ sich die Initiative zum Handeln nicht aus der Hand nehmen; er wollte sich selbst die Grenzen setzen, selbst entscheiden, was er tun und wie er auf die Menschen zugehen wollte. Ihm kam es nicht nur darauf an, wieviel er tat, wie viele Kranke er heilte, Tote er erweckte und wieviel er sonst noch Gutes wirkte; es ging ihm vielmehr darum, wie er handelte, wie er auf die Menschen wirkte und was das bei ihnen bewirkte.

Wo setzen wir unsere Grenzen? Wann und wie sagen wir: Jetzt ist es genug; jetzt muß ich aufhören. Das muß ich bleiben lassen, so lieb und wert es mir ist. Aber ich kann nicht mehr, nicht mehr, als das, was ich vorzuzeigen habe. So etwas zu sagen, verlangt wohl für die meisten von uns einige Überwindung. Zuerst uns selbst gegenüber, denn wir müssen Abschied nehmen von dem schönen Bild, das wir von uns selbst haben, das wir pflegen und den anderen dauernd zeigen, damit sie glauben, was wir sie glauben machen wollen. Es braucht aber kaum weniger Überwindung gegenüber den Menschen um uns herum, vor allem denen gegenüber, die uns viel bedeuten und auf deren Urteil wir etwas geben, ja von dem wir mehr oder weniger abhängen. Wie können wir ihnen vermitteln, daß wir nicht die Supermenschen sind, die wir sein wollen und die zu sein sie vielleicht von uns erwarten (wenigstens in unserer Vorstellung)? Uns von unserem eigenen Idealbild zu verabschieden, diesem Supermenschen und Über-Ich den Laufpaß zu geben, wäre schon eine große Leistung des Loslassens. Innerlich frei werden müssen wir, von den Überforderungen unserer selbst und unserer Umgebung. Wie bei Jesus wird es wohl nicht gehen ohne einen Aufbruch und Abbruch dort, wo andere uns festhalten, vereinnahmen und domestizieren wollen.

„Halte mich nicht fest!"

Jede Generation macht dieselbe Erfahrung, und doch ist es jedes Mal neu und anders: Die Kinder müssen sich von den Eltern lösen und ihren eigenen Weg gehen; und die Eltern müssen ihre Kinder freigeben, damit dieser Ablösungsprozeß gelingt und nicht behindert oder mit schlechtem Gewissen, ja sogar im Streit vollzogen wird. Und doch ist es immer auch wie ein Bruch; etwas geht kaputt und wird niemals mehr so, wie es vorher war. Für die Eltern sind die Ablösungsprozesse meistens am schwierigsten; sie verkraften nicht immer, was doch ganz natürlich ist: Daß ihre Kinder groß und selbständig werden, ihre eigenen Wege gehen wollen und gehen müssen; und daß letztlich nichts und niemand sie aufhalten kann – und aufhalten darf. Wir möchten festhalten, was und wer uns vertraut geworden, ja ein Stück von uns geworden ist. Wir wissen im Grunde des Herzens, daß das nicht geht, nicht gut gehen kann. Doch alle Einsicht macht es nicht unbedingt leichter, im Handeln und Verhalten konsequent zu sein.

Anschaulich wird dieses Loslassenmüssen in der Familiengeschichte Jesu beschrieben. Der Verkündigungsengel kommt zu Maria und sagt ihr: „Du wirst ein Kind empfangen, einen Sohn wirst du gebären" (Lk 1,31). Diese erschreckende und die junge Frau verunsichernde Botschaft hat zugleich etwas Forderndes, denn der Engel fährt fort: „Er wird groß sein und Sohn des Höchsten genannt werden." Hier bereits erfährt Maria, daß dieser Jesus niemals nur ihr Sohn sein wird; daß sie ihn nicht wird halten können, sondern wird freigeben müssen für seine Sendung. Als der Säugling im Tempel dargestellt wird, tritt dieses Fordernde wieder an Maria heran in den Worten des greisen Simeon: „Dieser ist dazu bestimmt, daß in Israel viele durch ihn zu Fall kommen und viele aufgerichtet werden, und er wird ein Zeichen sein, dem widersprochen wird. Dadurch sollen die Gedanken vieler Menschen offenbar werden. Dir selbst aber wird ein Schwert durch die Seele dringen" (Lk 2,34f). Diesen Schmerz hat Maria gespürt, als der pubertäre Jesus Jahre später anläßlich einer Wallfahrt nach Jerusalem sich von den Eltern absetzte und auf die Vorhaltungen seiner Mutter antwortete: „Warum habt ihr mich gesucht? Wußtet ihr nicht, daß ich in dem sein muß, was meinem Vater gehört?" (Lk 2,49). In seinem öffentlichen Wirken hat Jesus sich innerlich immer mehr von seiner Familie und Verwandtschaft abgesetzt. Bezeichnend dafür ist die eigenartige Szene bei der Hochzeit zu Kana, als Maria – ganz mitfühlende und sorgende Hausfrau – Jesus darauf aufmerksam macht, daß der Hochzeitsgesellschaft der Wein ausgegangen ist, und darauf die Antwort hören muß: „Was willst du von mir, Frau? Meine Stunde ist noch nicht gekommen" (Joh 2,4). Dieser Sohn entwickelt sich anders, als sie es sich vorgestellt hat. Der Evangelist hielt es für überliefernswert, daß Jesu Angehörigen ihn für verrückt hielten und sich auf den Weg machten, „um ihn mit Gewalt zurückzuholen" (Mk 3,21). Auch er selbst setzt sich mehr und mehr ab von den Seinigen; seine Anhänger stehen ihm bald genauso nahe wie seine Familie: „Wer ist meine Mutter, und wer sind meine Brüder?... Wer den Willen Gottes erfüllt, der ist für mich Bruder und Schwester und Mutter" (Mk 3,33-35). Unter dem Kreuz schließlich hat Maria ihren Sohn ganz loslassen müssen: in Schmach und Schande und in den Augen der Umstehenden als ein gescheiterter Prophet. Daß sie dennoch nicht ganz allein ist, daß sie vielmehr im Loslassen selbst auch angenommen und getragen wird, dafür sorgt Jesus noch vom Kreuz aus: „Als Jesus seine Mutter sah und bei ihr den Jünger, den er liebte, sagte er zu seiner Mutter: Frau, siehe, dein Sohn! Dann sagte er zu dem Jünger: Siehe, deine Mutter! Und von jener Stunde an nahm sie der Jünger zu sich" (Joh 19,26f).

Zu den eindrucksvollsten biblischen Gestalten, die das Loslassen geübt und geschafft haben, gehört der Täufer Johannes. Schon seine Bezeichnung als Vorläufer weist darauf hin, daß er sich im letzten überflüssig machen muß und persönlich völlig hinter seinem Auftrag zurücktritt. Daß es dabei zu Mißverständnissen und Verwechslungen kam, machte Johannes die Sache nicht leichter, im Gegenteil: Er mag versucht gewesen sein, etwas vom Glanz des Messias auf sich zu beziehen. Daß er es nicht getan hat, zeigen die biblischen Berichte: „Das Volk war voll Erwartung, und alle überlegten im stillen, ob Johannes nicht vielleicht selbst der Messias sei. Doch Johannes gab ihnen allen zur Antwort: Ich taufe euch nur mit Wasser. Es kommt aber einer, der stärker ist als ich, und ich bin es nicht wert, ihm die Schuhe aufzuschnüren. Er wird euch mit dem Heiligen Geist und mit Feuer taufen" (Lk 3,15f). Unbeirrt ist Johannes seinen Weg gegangen und furchtlos. Herodes ließ den unbequemen Mahner ermorden; Jesus hat für seinen Vorläufer eine Würdigung gefunden, die in der Heiligen Schrift einmalig ist: „Amen, das sage ich euch: Unter allen Menschen hat es keinen größeren gegeben als Johannes den Täufer" (Mt 11,11).

Maria von Magdala, eine Frau aus dem engeren Kreis der Jünger und Jüngerinnen Jesu, veranschaulicht in ihrer Begegnung mit dem Auferstandenen, was das Loslassenmüssen für einen liebenden Menschen bedeutet. Weinend steht Maria vor dem leeren Grab und erkennt in ihrer Trauer nicht, daß Jesus neben ihr steht. Erst als er sie mit ihrem Namen anspricht, erkennt sie ihn. „Jesus sagte zu ihr: Halte mich nicht fest; denn ich bin noch nicht zum Vater hinaufgegangen. Geh aber zu meinen Brüdern, und sag ihnen: Ich gehe hinauf zu meinem Vater und zu eurem Vater, zu meinem Gott und zu eurem Gott" (Joh 20,17). Im Moment des Wiedererkennens will sie ihn festhalten, doch sie muß ihn loslassen. Er wird nie mehr so bei ihr sein, wie es ihr und seinen Jüngern vertraut war; aber er wird sie nicht verlassen. Auf eine neue Weise wird er unter ihnen gegenwärtig sein, wie er es nach dem Bericht des Johannesevangeliums seinen Jüngern in den Abschiedsreden erklärt hat.

Das Alte hinter sich lassen, nach dem Neuen sich ausstrecken

Es liegt in der Natur des Menschen, das Alte und Bekannte hinter sich lassen und das Neue anfangen zu wollen. Schon die ersten Seiten der Bibel berichten davon: „Darum verläßt der Mann Vater und Mutter und bindet sich an seine Frau, und sie werden ein Fleisch" (Gen 2,24). Ohne den Reiz des Neuen hätte der Mensch nicht die Entwicklung genommen, die er seit den Anfängen gemacht hat. Er bricht immer wieder auf zu neuen Horizonten. So unruhige und das Unbedingte suchende Geister wie der Apostel Paulus zeugen von diesem Drang. Er verrät etwas von diesem Drängen in seinem Brief an die Gemeinde von Philippi, wenn er dort über seine Sehnsucht nach voller Gemeinschaft mit Christus schreibt: „Christus will ich erkennen und die Macht seiner Auferstehung und die Gemeinschaft mit seinen Leiden; sein Tod soll mich prägen. So hoffe ich, auch zur Auferstehung von den Toten zu gelangen. Nicht daß ich es schon erreicht hätte oder daß ich schon vollendet wäre. Aber ich strebe danach, es zu ergreifen, weil auch ich von Christus Jesus ergriffen worden bin. Brüder, ich bilde mir nicht ein, daß ich es schon ergriffen hätte. Eines aber tue ich: Ich vergesse, was hinter mir liegt, und strecke mich nach dem aus, was vor mir ist. Das Ziel vor Augen, jage ich nach dem Siegespreis: der himmlischen Berufung, die Gott uns in Christus Jesus schenkt" (Phil 3,10-14).

Vom Lassen ist auffallend häufig im Johannesevangelium die Rede, vom Verlassen des Bisherigen, des Alten, damit Neues werden und Raum greifen kann. Das ist das Thema der Abschiedsreden Jesu, so wie sie der vierte Evangelist, dessen

Bericht sich von dem der drei anderen deutlich abhebt, überliefert. Das Bild des Weges prägt durchgehend diese Texte. Im Gespräch über den Weg zum Vater sagt Jesus: „Ich gehe, um einen Platz für euch vorzubereiten" (Joh 14,2). Danach wird er wiederkommen, die Seinen zu holen, „damit auch ihr dort seid, wo ich bin" (V. 3), und so die endgültige Gemeinschaft vorzubereiten. Diese Rückkehr zum Vater ist aber auch ein ganz persönlicher Weg Jesu: Er kehrt zum Ausgang seiner Sendung zurück: „Jetzt aber gehe ich zu dem, der mich gesandt hat, und keiner von euch fragt mich: Wohin gehst du? Vielmehr ist euer Herz von Trauer erfüllt, weil ich euch das gesagt habe" (Joh 16,5f). Ganz entgegen der Stimmungslage der Jünger, die verunsichert sind und sich fürchten vor einer Zeit ohne Jesus, sagt er ihnen: „Es ist gut für euch, daß ich fortgehe" (V. 7). Nur dadurch wird Raum geschaffen für das Neue, das nach ihm kommt: „Wenn ich nicht fortgehe, wird der Bestand nicht zu euch kommen; gehe ich aber, so werde ich ihn zu euch senden" (V. 7). Jesus läßt seine Jünger los, damit der Geist Gottes kommen kann, der zugleich seine neue Gegenwart unter ihnen ist. Trennung bedeutet Schmerz; diesen Schmerz lindern kann nur die Aussicht auf ein Wiedersehen. „Noch kurze Zeit, dann seht ihr mich nicht mehr, und wieder eine kurze Zeit, dann werdet ihr mich sehen" (V. 16). Es ist wie eine Geburt: Das Neue kommt nur unter Schmerzen. „Wenn die Frau gebären soll, ist sie bekümmert, weil ihre Stunde da ist; aber wenn sie das Kind geboren hat, denkt sie nicht mehr an ihre Not über der Freude, daß ein Mensch zur Welt gekommen ist. So seid auch ihr jetzt bekümmert, aber ich werde euch wiedersehen; dann wird euer Herz sich freuen, und niemand nimmt euch eure Freude" (Joh 16,21f). Vor seinem großen Abschiedsgebet (vgl. Joh 17) spricht Jesus noch einmal von seinem Weg des Ergreifens, der Aktivität – und des Loslassens: „Vom Vater bin ich ausgegangen und in die Welt gekommen; ich verlasse die Welt wieder und gehe zum Vater" (Joh 16,28).

Verlassen und aufhören, loslassen und hinter sich lassen, um neu anzufangen, sind Themen, ja Erfahrungen, die sich durch die ganze Bibel hindurchziehen. Lassen ist dabei aktives Tun, oft genug schmerzlich und Entscheidungen fordernd, nicht einfach ein Aufhören oder Überlassen in Beliebigkeit. Lassen ist zielgerichtet; und oft ist es auch eine Auseinandersetzung, ein Kampf, wie er in der Geschichte des Patriarchen Jakob geschildert wird. Jakob ringt mit dem Engel, mit Gott. Er kann nicht gewinnen, aber er will auch nicht verlieren, will den Gegner nicht loslassen: „Ich lasse dich nicht los, wenn du mich nicht segnest" (Gen 32,27).
Unser Lassen ist Entscheidung, und oft ist es auch Kampf, ein Kampf, den wir nicht zuletzt mit uns selbst austragen: um frei zu werden, um neu anzufangen, um neu zu werden und weiterzuwachsen. Womit, worum ringen wir? Unverhofft kommt Paulus in seinen Ermahnungen an die ihm ans Herz gewachsene Gemeinde von Philippi in Mazedonien auf die innere Haltung Jesu zu sprechen, die für ihn das unübertroffene und unübertreffliche Beispiel ist für den Umgang miteinander:
„Seid untereinander so gesinnt, wie es dem Leben in Christus Jesus entspricht:
Er war Gott gleich,
hielt aber nicht daran fest, wie Gott zu sein,
sondern er entäußerte sich
und wurde wie ein Sklave
und den Menschen gleich.

Sein Leben war das eines Menschen,
er erniedrigte sich
und war gehorsam bis zum Tod,
bis zum Tod am Kreuz.
Darum hat Gott ihn über alle erhöht
und hat ihm den Namen verliehen,
der größer ist als alle Namen,
damit alle im Himmel, auf der Erde und
unter der Erde
ihre Knie beugen vor dem Namen Jesu
und jeder Mund bekennt:
‚Jesus Christus ist der Herr' –
zur Ehre Gottes, des Vaters" (Phil 2,5-11).

Die Bibel kennt aber auch die Erfahrung des
Verlassenseins, des von Menschen verlassen, d.h.
im Stich-gelassen-Werdens – und sie kennt die
Gottverlassenheit, wie wir zu Beginn dieses Ka-
pitels bereits gesehen haben (vgl. Ps 22; Jer 14,9).
Verlassenwerden ist nach der Botschaft des Alten
Testamentes Strafe für das Verlassen: Weil die
Menschen, das Volk, Gott verlassen haben, verläßt Gott sie; aber nicht endgültig. Gottes Strafen
ist Teil seiner Pädagogik, als deren Lehrer die
Propheten fungieren. Von jemandem zu sagen:
„Gott hat ihn verlassen. Verfolgt und ergreift ihn.
Für ihn gibt es keinen Retter" (Ps 71,11), kommt
einem Todesurteil gleich; denn wenn schon Gott
einem nicht mehr hilft, wer dann? Jesus selbst hat
diese Erfahrung gemacht. Nachdem ihn seine
Jünger panikartig verließen, als er gefangenge-
nommen wurde – für sie brach eine Welt zusammen, als ihr Rabbi, so machtvoll in Worten, der
politischen und militärischen Macht sich nicht
widersetzte –, begann für Jesus eine neue Erfahrung des Alleingelassenseins, die bei seiner Kreu-
zigung in dem Aufschrei gipfelte: „Mein Gott,
mein Gott, warum hast du mich verlassen" (Mt

27,46; Mk 15,34). Die Evangelisten legen Jesus ein Wort aus Psalm 22 in den Mund, diesem Lied von der Gottverlassenheit, die trotz aller Leiden und Anfechtungen in die Gewißheit mündet: „Gott ist treu; denn er hat nicht verachtet, nicht verabscheut das Elend der Armen. Er verbirgt sein Gesicht nicht vor ihm; er hat auf sein Schreien gehört" (Ps 22,25).

Der Tod ist die letzte Form der Verlassenheit, die der Mensch erfährt; und oft bedeutet der Tod auch für die Angehörigen eine bisher nicht gekannte Weise des Verlassenseins. Der Tod ermöglicht nach dem Zeugnis des Neuen Testamentes aber auch die Erfahrung des Neuen, des Durchbruchs zum Endgültigen – seit Jesus Christus selbst diesen Tod erfahren hat und auferstanden ist. „Er hat dem Tod die Macht genommen" (1 Tim 1,10).

„Verlaß alles – dann komm!"

Es war einmal ein junger Mann, der hatte von
seinen Eltern ein stattliches Vermögen geerbt,
dessen Verwaltung ihm aber wegen der hohen
Steuern Sorgen bereitete. Wie von klein auf geübt
ging er am Sonntag zur Messe und hörte aufmerksam zu, als das Wort Gottes verkündet wurde. Da
traf es ihn wie ein Schlag, und er war sicher, daß
die soeben gehörten Worte einzig und allein sei-
netwegen gesagt worden waren, obwohl sie doch
regelmäßig im Gottesdienst verkündet werden.
Was all die anderen Kirchenbesucher nur zu ihrer
Erbauung hörten, das schlug bei ihm ein. Es war
die Geschichte von einem anderen reichen Mann:

> „Es kam ein Mann zu Jesus und fragte: Mei-
> ster, was muß ich Gutes tun, um das ewige
> Leben zu gewinnen?
> Er antwortete: Was fragst du mich nach dem
> Guten? Nur einer ist ‚der Gute'. Wenn du
> aber das Leben erlangen willst, halte die Ge-
> bote...
> Der junge Mann erwiderte ihm: Alle diese
> Gebote habe ich befolgt. Was fehlt mir jetzt
> noch? Jesus antwortete ihm: Wenn du voll-
> kommen sein willst, geh, verkauf deinen Be-
> sitz und gib das Geld den Armen; so wirst du
> einen bleibenden Schatz im Himmel haben;
> dann komm und folge mir nach.
> Als der junge Mann das hörte, ging er traurig
> weg; denn er hatte ein großes Vermögen" (Mt
> 19,16-22).

Unser junger Mann in der Kirche ging auch weg,
direkt nach Hause, um das zu tun, was der andere,
von dem er im Evangelium gehört hatte, nicht
oder noch nicht gewagt hatte: Er verteilte den
unbeweglichen Besitz an die Nachbarn, verkauf-

te das andere, verschenkte den Erlös den Armen und legte nur eine Summe für die Zukunft seiner minderjährigen Schwester zurück. Was der eine Reiche nicht gewagt hatte, das tat der andere. Wo das eine Herz verschlossen blieb vor dem Anruf Gottes, öffnete sich das andere umso weiter. So hat es eindringlich und anschaulich Walter Nigg in seinem Buch „Vom Geheimnis der Mönche" beschrieben. Es handelt sich nämlich um eine alte Geschichte, weshalb der etwas betuliche Ton einer Märchenerzählung beibehalten wurde. Die Begebenheit hat sich im dritten Jahrhundert ereignet. Der junge hochherzige Mann heißt Antonius; er gilt als der Vater des Mönchtums in seiner ursprünglichen Form der Einsiedler oder Eremiten.

Das Wort vom „Alles verkaufen und verschenken", um dann frei und vorbehaltlos Jesus nachzufolgen, durchzieht die Geschichte des Christentums bis heute und ist zum Inbegriff des Mönchtums und der Armutsbewegung jeder Zeit geworden. Abgeben, Loslassen, Zurücklassen, Hinter-sich-Lassen, das sind Umschreibungen, ja oft nur ein Ringen um Worte, mit denen das beschrieben werden soll, was dem „natürlichen" Verhalten, der „gesunden" Reaktion entgegensteht. Das Geld verschenken, auf Reichtum, Einfluß und Ehre verzichten, das kommt nicht erst unserer Zeit unnatürlich, ja widernatürlich vor. Da wird schnell der Verdacht geäußert, der oder die Betreffende sei nicht in der Lage, seinen Mann oder ihre Frau zu stehen im modernen Leben und würde aus Angst lieber auf das verzichten, was jeder „gesunde" Mensch ganz selbstverständlich als erstrebenswert ansehe und sich wünsche. Da ist es nicht mehr weit bis zum Verdacht und Vorwurf der Weltflucht.

Nun ist es aber durchaus nicht so, daß die lebensuntüchtigen Typen ins Kloster gehen oder gerade sie sich sonst einer strengen Lebensordnung unterziehen; zumindest bleiben solche selten dabei. Es ist schwerer, auf etwas zu verzichten, das aller Welt und der landläufigen Erfahrung als wertvoll oder gar glückverheißend gilt, als dem Trend zu folgen. Flucht kann es nicht sein; und wenn und wo es doch so ist, wird sie bald ent-täuscht. Eine Verneinung allein reicht nicht aus; man kann sein Leben nicht darauf aufbauen, daß man dieses oder jenes nicht will. Leben gelingt nur, wenn es positiv sich einem Ziel zuwendet, wenn es etwas, besser: jemanden, erstrebt. Etwas zu lassen, muß immer auch bedeuten: sich einem anderen zuwenden. Daß es sich dabei nicht um eine quantitative Verbesserung handeln kann, nicht um ein Geschäft oder ein Spiel, bei dem man einen hohen Einsatz wagt, um einen noch höheren Gewinn auf derselben Ebene zu machen, dürfte klar sein. Hier geht es schließlich um das Glück, ja um das Leben. Das Beispiel von Menschen wie dem Mönchsvater Antonius weist in eine andere Richtung: nicht zum Mehr, sondern zum Anderen, zum Wertvolleren, zum Tieferen. Nicht Weltflucht, sondern Verlassen einer bestimmten Art von Welt, um etwas anderes zu erfahren, zu ergreifen, zu verwirklichen, einfach: zu leben. Was könnte das sein? Das Leben über dem Leben? Das Leben in einer anderen Welt? Tiefere Erfahrungen? Rauschartige Zustände, Bewußtseinserweiterung? Mit all dem wurde und wird gerne experimentiert; nach solchen Sonderwegen zum Glück wird gesucht. Sie leiden aber alle darunter, daß sie den Menschen übersteigen, ja eigentlich verlassen wollen: ein Leben außerhalb des Menschen und seiner Grenzen, das im Letzten aber nur seine Zerstörung zur Folge hat.

Die Antwort der Mönche, vor allem der Einsiedler, Anachoreten und Väter und Mütter der Wüste – auch der der modernen Zeit –, weist in eine andere Richtung: Geh dir und deinem Leben, deinem Charakter und deinen Schwächen nicht aus dem Weg. Setze dich damit auseinander, doch versuche nicht, dich darüber hinwegzusetzen; du wirst immer wieder auf dich zurückgeworfen werden.

Ein Leben des Kampfes also, vor allem mit sich selbst, mit dem, was in einem selbst steckt; und das, ohne sicher sein zu können, daß dieser Lebenskampf siegreich endet, so viel einer auch hinter sich läßt und sich bemüht, loszulassen und frei zu werden.

> „Aus der Umgebung eines Alten kam einer zu ihm, und während ihres Gespräches sagte einer: ‚Der Welt bin ich abgestorben.‘
>
> Der andere erwiderte: ‚Vertraue nicht zu stark darauf, daß es so ist, solange du in dieser Welt lebst. Denn wenn du auch sagst: Ich bin gestorben, so ist doch der Satan nicht tot.‘“
>
> (Weg und Wort der Väter, 42).

Die Mönchsväter haben ihr Ziel eines freien Lebens nur durch höchste Disziplin erreichen können. Das mag paradox klingen, verbinden wir doch den Begriff Freiheit eher mit Beliebigkeit als mit Disziplin, Ordnung und Konsequenz. In der Konzentration auf ein Gelingen des Lebens haben die Einsiedler und Mönche immer wieder sich ausgerichtet nach biblischen Vorbildern wie nach dem Mann, der in einem Acker einen Schatz entdeckte, alles verkaufte, was er besaß, und den Acker samt Schatz kaufte. Oder wie der Kaufmann, der eine besonders wertvolle Perle fand und für sie alles andere verkaufte (vgl. Mt 13,44-46). Alles auf eine Karte setzen – das tun nur Glücksspieler. Es geht auch um nicht weniger als um das Glück, aber nicht nur um das Glück im Spiel!

Es geht um ein gelungenes Leben, das von vorneherein ein höheres Ziel hat als nur den betreffenden Menschen und sein Wohlbefinden. Es geht um ein Leben in der Nachfolge des Jesus von Nazaret, der auf das, was wir „Selbstverwirklichung" zu nennen gewohnt sind, verzichtete, damit andere zum Leben in ganzer Fülle kommen und nicht dem unausweichlichen und endgültigen Tod anheimfallen. Die Heilige Schrift spricht von der „Selbstentäußerung" (lateinisch: exinanitio, griechisch: kenosis). In seinem Brief an die Gemeinde im griechischen Philippi beschreibt Paulus diese Hingabe Christi, die durch ein Sich-ganz-Loslassen geschieht:

> „Er war Gott gleich, hielt aber nicht daran fest, wie Gott zu sein, sondern entäußerte sich und wurde wie ein Sklave und den Menschen gleich. Sein Leben war das eines Menschen, er erniedrigte sich und war gehorsam bis zum Tod, bis zum Tod am Kreuz. Darum hat ihn Gott über alle erhöht..."
>
> (Phil 2,6-9; vgl. auch Tit 2,14).

In der Nachfolge Christi spielen diese Sätze eine große Rolle; sie geben das Ideal wieder, dem sich nicht nur Mönche und Nonnen verpflichtet wußten und wissen, sondern auch viele Christen, die „in der Welt" leben, nicht abgesondert und nach besonderen Regeln, aber doch auf eine unauffällige Weise anders. Sie versuchen im Blick auf Christus über den Horizont von innerweltlichem Glück und vordergründiger Zufriedenheit etwas vorauszunehmen von dem nur zu ahnenden Leben einer ständigen Verbindung mit Gott und der völligen Hingabe der Liebe an andere. Dieses Streben kommt aus einer Sehnsucht, die sich mit dem Bestehenden, auch mit ihrer eigenen Person, nicht zufrieden gibt. Es ist ein Verlangen nach dem, was wir in Ermangelung treffenderer Worte mit „Leben bei Gott", „Himmel" oder „ewige Glückseligkeit" umschreiben und das in der Theologie und Spiritualität „eschatologische Existenz" genannt wird, ein Leben auf das Letzte, das Kommende hin.

Wer sich nach Zukünftigem sehnt und ausstreckt, geht auf Distanz zu dem Bestehenden, Bisherigen, Gewohnten. Das wird deutlich am Leben der Einsiedler und Mönche seit den Zeiten des Antonius. Die Geschichten und Aussprüche dieser frühen Zeugen muten uns heutige Menschen seltsam an; sie kommen uns vielleicht nur skurril vor, wie Verrücktheiten von überspannten Eigenbrödlern, ja fanatischen Spinnern; wie Auswüchse eines ungesunden religiösen Strebens nach Heiligkeit. Dabei zeigen die Einsiedler und frühen Mönche nur, wohin ein Ernstnehmen der Sehnsucht nach Gott und der Wille zu einem ganz auf Gott ausgerichtetem Leben führen: zu einem Weglassen, Zurücklassen und Loslassen von so vielem, was uns für einen normalen Menschen selbstverständlich und unverzichtbar scheint. Aus der Distanz des Unverstehens erliegen wir der Gefahr, die asketischen Leistungen dieser Menschen als masochistische Verirrungen abzutun und haben keinen Blick für den Hintergrund ihres Lebens. Deshalb fällt es uns auch nicht leicht, die kurzen Berichte über ihr Verhalten und die knappen Formulierungen ihrer Spruchweisheit als das zu erkennen, was sie sind und nur sein wollen: komprimierte Erfahrungen eines Lebens, das bewußt viel wegläßt, um frei und offen zu sein für das, was wirklich zählt.

Von diesem Weglassen zeugt folgender Ausspruch:

„Abbas Poimen sprach: Der Mensch wird immer zu Fall gebracht durch das, was er von sich abschneiden sollte – und doch nicht tut."

(Weg und Wort der Väter, 237)

Die Begegnung zwischen Jesus und dem reichen Mann, der das Leben erlangen wollte, angesichts der Forderung Jesu aber traurig über sich selbst und seine Unfähigkeit, dieser Aufforderung zu folgen, fortging, hatte noch ein Nachspiel. Die Jünger Jesu hatten das Gespräch aufmerksam verfolgt und stellten sich dieselbe Frage, ja sahen sich selbst in Frage gestellt, konfrontiert mit der kompromißlosen Weisung Jesu. Sie folgten Jesus, spürten plötzlich aber erst so richtig, worauf sie sich da eingelassen hatten, und waren verunsichert. „Du weißt, wir haben alles verlassen und sind dir nachgefolgt. Was werden wir dafür bekommen?", fragt Petrus und spricht damit nur aus, was sie alle denken (Mt 19,27). Das seltsame Wort Jesu vom Kamel, das eher durch ein Nadelöhr geht als ein Reicher ins Reich Gottes gelangt (vgl. V.24), hatte sie völlig verwirrt. Jesus nimmt nichts vom Gesagten zurück, beschönigt nicht und verharmlost nicht. Seine Antwort zeigt ihnen, was am Ziel ihrer Nachfolge auf sie wartet, gibt ihnen eine Vision, die sie unbedingt brauchen, wollen sie auf dem Weg des Zurücklassens und Loslassens weitergehen: Ihr werdet „das Hundertfache erhalten und das ewige Leben gewinnen" (V. 29).

Das Loslassen läßt den Menschen nicht in ein Loch fallen, sondern eröffnet ihm eine neue Welt, in der nicht er, sondern Gott im Mittelpunkt steht; eine Welt, die größer und faszinierender ist als das eigene, selbstgeplante Glück. Es ist ein Weg weg vom eigenen Ich mit seinen Bedürfnissen und Beschränkungen, hin zu einer Weite, die in eine andere Welt hinüberreicht. Die Väter in

der ägyptischen Wüste haben diese Erfahrung in
der Weite und Einsamkeit der Einöde, in der
wenig sie von ihrem Ziel ablenken konnte, gemacht:

„Abbas Alonios sagte: Wenn ich nicht alles zerstört hätte, so hätte ich mich nicht aufbauen können." (Sprüche der Väter, 76).

Wer sich auf einen solchen Weg einläßt, wird der
Welt fremd, und sie ihm. Es ist nicht Flucht, es ist
die Attraktion, die von der anderen Welt, von
einem Leben nach anderen Maßstäben ausgeht,
wie folgender Ausspruch bezeugt:

„Vater Arsenios pflegte zu sagen: Der Mönch,
Fremder in fremdem Land, binde sich an nichts;
dann wird er Ruhe finden."
(Weg und Wort der Väter, 53).

Wir sind versucht zu fragen: Was bringt das? Was
erreicht ein Mensch denn, der so streng, so anders, so „einseitig" lebt? Was hat er davon außer
einer größeren Hoffnung – denn Gewißheit gibt
es hier nie – auf den Himmel?
Es geht dem Wüstenvater, dem Mönch und der
Nonne um ein Leben, das schon hier und jetzt, bei
aller Anstrengung und Anfechtung, etwas erah-
nen läßt von dem, wie Menschen im Frieden mit
sich selbst, miteinander und mit Gott leben können. Lassen hat zum Ziel das Freiwerden von
allem, was dem eigenen Selbst widerstrebt und
den Menschen seiner selbst entfremdet. Die Dämonen, gegen die die Väter und Mütter der Wüste
gekämpft haben, sind nicht irgendwelche Geister,
die in der Luft umherschwirren und den Menschen versuchen und verleiten. Die Dämonen
sind im Menschen selbst; er hat sie vielleicht
bisher nicht entdeckt und hat gemeint, es seien
seine Bedürfnisse, seine Charaktereigenschaften,

sein Temperament, kurz das, was ihn zum unverwechselbaren Individuum macht. Die Dämonen sind die Entfremdungen des Menschen, zu denen er um einer vermeintlichen, aber mißverstandenen Selbstverwirklichung willen sich verleiten läßt. Deshalb raten die Erfahrenen: Reinige dich! Laß das Unreine, das auf dich einstürmt, außen vor; und mache dich daran, durch schonungslose Selbsterkenntnis und Konfrontation deiner Gedanken und Wünsche mit Gott und seinem Wort, dein Inneres nach und nach zu säubern; eine hochaktuelle Anregung, ja Forderung angesichts der Innenweltverschmutzung, die wir uns selbst zufügen durch einen unkontrollierten Konsum an Bildern und Szenen.

„Reinheit des Herzens" haben die Alten und Erfahrenen das Ziel ihres Bemühens genannt, wohl wissend, daß sie es aus eigener Kraft nicht vermögen, denn nichts kann der Mensch so gut, wie sich selbst betrügen.

Mit der Reinheit zieht die Ruhe in das Herz ein, auch sie eine Form des Lassens, des Abstand-Gewinnens von den vielen unnötigen Aufregungen und verführerischen Anregungen. Dabei handelt es sich nicht allein um eine geistige Übung, sondern um ein ganzmenschliches Tun: das Fasten. Das Frei- und Leichtwerden des Fastenden entlastet nicht nur seinen Magen und Organismus, sondern auch seine Seele, sein Gemüt, seinen Geist. Das alles zusammengenommen läßt den Menschen ruhiger werden, in seinem Innern und von dort sich ausbreitend in seinem Denken, Reden und Handeln. Diese innere Ruhe, umschrieben mit dem griechischen „hesychia", was man auch mit „Bewahrung des Herzens" übersetzen kann, ist die Frucht des Lassens. Daß es sich dabei um mehr als nur eine alte Mönchstugend handelt, aber auch nicht nur um eine moderne Technik der Bewußtseinsänderung, dürfte deutlich geworden sein. „Hesychia" kann man nicht „machen"; im letzten wird sie einem geschenkt, und vielleicht kommt man nie soweit, wie man es sich wünscht. Doch auch hier gilt, daß der Weg bereits das Ziel ist.

Seine Hoffnung Gott überlassen

Zu den „Werkzeugen der geistlichen Kunst" oder den „Instrumenten der guten Werke" gehört nach der Regel des heiligen Benedikt, seine Hoffnung Gott zu überlassen. Diese lapidar klingende Mahnung ist ein umfassendes Programm nicht nur mönchischer Lebensweise, sondern überhaupt christlicher Lebensgestaltung. So knapp diese Formulierung auch ist, so weit umspannt sie alles im Leben des Menschen, was mit „Lassen" zu tun hat: ablassen und loslassen, aufhören und aufgeben, abgeben wie verzichten, gehorchen, frei und leer werden, zulassen wie verlassen – um nur einige Ableitungen zu nennen, die sich einem unwillkürlich aufdrängen und die sich auch in der Benediktsregel finden.

Fortschreiten im Lassen

Von der Theologie des Mönchtums ausgehend kann man das weite Thema des Lassens nach der Regel Benedikts in drei Bereiche gliedern, die zugleich einen inneren geistlichen Weg skizzieren:

Die Welt verlassen

So könnte man das Loslassen von Menschen und Dingen und das Freiwerden von Anhänglichkeit und Bindung umschreiben. Benedikt spricht davon beispielsweise im Zusammenhang von Kleidung und Schuhwerk der Brüder (RB = Regel Benedikts 55) und bei der Annahme von Geschenken (RB 54), dann aber auch im 58. Kapitel, wo es um den bisherigen Besitz und um die Unmöglichkeit eines Vorbehaltes geht (vgl. RB 58,24f; 59,3.6).

Sich selbst loslassen

Das bedeutet in erster Linie, von sich selbst als Mitte und Maß des eigenen – aber auch fremden und gemeinschaftlichen – Lebens abzulassen, wie es klassisch in RB 7,19 heißt: „Den Eigenwillen zu tun, verwehrt uns die Schrift, wenn sie sagt: ‚Von deinem Willen wende dich ab!'" Es geht um den Gehorsam im weitesten Sinn, und dabei um mehr als um eine Aufgabe des eigenen Willens und eine fraglose Unterordnung unter den Willen Gottes, der gesehen wird im Willen und Wort eines Obern. Sich selbst loslassen kann nur, wer sich zunächst zuläßt. Das aber beinhaltet Selbsterkenntnis und Annahme seiner selbst. Der Mensch muß zu sich selbst ja sagen, aber er darf nicht dabei stehen bleiben, darf darin nicht aufgehen. Sonst sieht er alles, was er verlassen hat, und den Verzicht auf ein Leben aus seinem Ich trotz des freiwillig geleisteten Verzichts immer noch und nur als Verlust an. Nur wenn der Mensch sich selbst zuläßt und dann dennoch „von sich läßt", ist er zu einer Existenz fähig, die nicht nur der Welt verhaftet ist, sondern sich auch Gottes Wirken öffnet. Hinzu kommt die Beobachtung, ja Erfahrung, daß wer sich nicht losläßt, andere und anderes festhält oder dann im Kloster versucht, es zurückzuholen. Als Heilmittel gegen die Pervertierung dieses mißlungenen Loslassens nennt Benedikt ausdrücklich die Entlassung oder gar das aus dem Kloster Verstoßenwerden, und zwar interessanterweise gerade im Zusammenhang mit Mönchen, die auf irgendeine Weise aus der Gemeinschaft herausragen, also versucht sind, sich für etwas Besseres zu halten.

Sich fallen lassen

„Nimm mich auf, Herr" (RB 58,21). In der Profeß läßt sich der Mönch auf Gott fallen. Er weiß, daß er es guten Gewissens und ruhigen Herzens tun kann, aber er läßt in diesem Ritus auch seine tiefsitzende Angst mitschwingen: „Laß mich in meiner Hoffnung nicht scheitern" (Ebd.).

Sich fallen lassen kann nur, wer sich angenommen, geborgen und buchstäblich aufgefangen weiß, von und in Gott und von und in der Gemeinschaft. Dann überläßt er Gott seine Hoffnung (vgl. RB 4,41). Benedikt drückt das mit dem biblischen Wort aus: „Sucht zuerst das Reich Gottes und seine Gerechtigkeit, und dies alles wird euch dazugegeben" (Mt 6,33).

Erfahrungen mit dem Lassen

Aus der Vielfalt der Bedeutungen und Akzente, die das Lassen im Mönchtum hat, seien vier Schwerpunkte ausgewählt.

Was muß ich lassen, wenn ich in eine Gemeinschaft eintrete?

Das Thema „Entsagen" spielt in der Benediktsregel eine große Rolle: das Lassen von Murren, Begierden und eigenem Gutdünken (vgl. RB 5), ja selbst von guten Gesprächen (vgl. RB 6,2) und ebenso das Lassen von der eigenen Zeiteinteilung (vgl. RB 8) und von so bequemen Dingen wie dem „weichen Bett" (vgl. RB 22,2). Der Mönch muß, wenn er in eine Gemeinschaft eintritt, von Stolz, Fehlern, Eigensinn, Begierden und Bosheit lassen (vgl. RB 7,1), aber auch von seinem Recht (vgl. RB 7,35) und muß selbst falsche Brüder ertragen (vgl. RB 7,43). Er soll seine bösen Gedanken loslassen im Bekennen (vgl. RB 7,44) und sich dem „monastischen Comment" unterordnen, d.h. seine Eigenarten aufgeben (vgl. RB 7,55). Gerade das Kapitel über die Demut ist voll von Anregungen und Mahnungen zum Loslassen auf die Gemeinschaft hin.

Jeder Mensch lebt mit Gewohnheiten; sie geben ihm Sicherheit. Und gerade um die geht es (vgl. RB 55; 57; 58): Wer sich auf Neues einlassen will, muß sich von Vertrautem lösen. Das geht bis in die Alltäglichkeiten: Besitz (vgl. RB 33), Ansprüche (vgl. RB 34), Gaumenfreuden und Vorlieben (vgl. RB 39) gehören dazu. Aber auch die Selbstverwirklichung – in der monastischen Tradition noch unter negativem Vorzeichen als „Eigenwille" behandelt – wird nicht vergessen (vgl. RB 31 und 32; 67; 69). Seine Kulmination findet das Thema „Was muß ich lassen, wenn ich in eine Gemeinschaft eintrete" in dem, was in den Regelkapiteln über den gegenseitigen Gehorsam und über den guten Eifer der Mönche geschrieben steht (vgl. RB 71 und 72).

Worauf kann ich mich in der Gemeinschaft verlassen?

Benedikt will, daß der Mönch die Gemeinschaft als verläßlich erfährt. Geregelt wird, was der einzelne zu tun und zu lassen hat. Dabei handelt es sich aber um mehr als nur um einen Vorschriftenkatalog oder eine Dienstordnung. Das klösterliche Leben wird geregelt, um den Rahmen für die Gotteserfahrung und Gottesbegegnung im gemeinschaftlichen Leben zu schaffen. Daß es sich dabei nicht um einen Versuch handelt, eine Idealgesellschaft, frei von Konflikten und in jeder Hinsicht ausgeglichen, zu schaffen, wird bei der vierten Stufe der Demut deutlich: „Der Mönch übt diesen Gehorsam auch dann, wenn es hart und widrig zugeht" (RB 7,35). Das Lassen ist in diesem Zusammenhang nicht ein Verlassen oder Loslassen, sondern ein Nicht-locker-Lassen. „So-

gar wenn ihm dabei noch so viel Unrecht geschieht, schweigt er und umarmt gleichsam bewußt die Geduld. Er hält aus, ohne müde zu
werden oder davonzulaufen, sagt doch die Schrift:
‚Wer bis zum Ende standhaft bleibt, der wird
gerettet‘. Ferner: ‚Dein Herz sei stark und halte
den Herrn aus.‘" (RB 7,35f).

Im Umgang der Mönche miteinander zeigt und
bewährt sich in der gesunden Gemeinschaft die
Verläßlichkeit sowohl der einzelnen wie auch
ihrer gemeinsamen Lebensform. Gehorsam ist
ein solches Zeichen von Verläßlichkeit, mag es
sich um die Bereitschaft handeln, sofort alles
stehen und liegen zu lassen, wenn der Obere
etwas aufträgt (vgl. RB 5,3-9), oder um den gegenseitigen Gehorsam, eine tiefergehende Form des
Dienstes, der viel Aufmerksamkeit voraussetzt
(vgl. RB 71) und ein Zeichen des guten Eifers ist.
Das bewährt sich am besten in alltäglichen Dingen. Große Absichtserklärungen brüderlicher
oder schwesterlicher Liebe mögen schön klingen.
Wie aufmerksam man zueinander ist und wie
rücksichtsvoll, das prägt Stil und Stimmung in der
Gemeinschaft. Von daher kann man auch die
Kapitel über den wöchentlichen Dienst des Tisch-
lesers (RB 38) mit ihren Aussagen über die Tisch-
manieren und die Rücksicht auf den Hunger des
bei Tisch Vorlesenden, über das Maß der Speise
(RB 39) und des Getränkes (RB 40) besser verste-
hen und ebenso Benedikts Anweisungen für das
Schweigen nach der Komplet (RB 42). Wiederum
geht es nicht um möglichst große Harmonie,
sondern darum, daß alle in der Gemeinschaft mit
ihren Stärken und Schwächen leben können und
ihren Platz finden. Die Schwachen sollen wissen,
daß sie sich auf die Starken verlassen können.
Benedikt macht das deutlich am Beispiel der Kran-

ken, der Alten und der ganz Jungen (RB 36 und 37). Verläßlichkeit ist Benedikt auch ein Anliegen bei der Ordnung der Mönche untereinander (vgl. RB 63).

Der Mönch darf nichts haben in dem Sinne, daß er es sein eigen nennt, sich selbst reserviert und festhält – also nicht lassen kann und will. In diesem Zusammenhang sei nur die Verläßlichkeit in der Gemeinschaft angesprochen. „Haben, als hätte man nicht", so hat man häufig von der Heiligen Schrift her (vgl. 1 Kor 7,29) die Armut und Freiheit der Mönche und insgesamt der Ordensleute vom Besitz und dem durch Besitz mit Beschlag-belegt-Sein umschrieben. Im Alltag des klösterlichen Lebens ist der Geist aber nicht immer so frei und großzügig, wie es Bibel und Regel nahelegen. Da können sogar – oder gerade – kleine Unterschiede in dem, was der einzelne darf oder hat oder was ihm zur Verfügung gestellt wird, eine große Rolle spielen. Auch Menschen, die freiwillig auf alles verzichtet haben, fühlen sich manchmal zu kurz gekommen, was sich beispielsweise leicht darin äußert, daß sie sehr genau darauf schauen, nicht weniger als die anderen ebenfalls Armen zu haben oder nicht zu haben. Nachdem Benedikt im 54. Kapitel (Die Annahme von Briefen und Geschenken) sehr deutlich darauf gedrängt hat, daß man keinerlei Geschenke ohne Erlaubnis des Abtes annehmen darf, ja der Abt auch nach der Annahme noch verfügen kann, wem denn nun das Empfangene zu geben ist, zeigt er sich im 55. Kapitel (Kleidung und Schuhe der Brüder) sehr verständnisvoll in seinen konkreten Regelungen, schärft dann noch einmal das Verbot des Besitzes von irgendetwas ohne Wissen des Abtes ein, bevor er schreibt: „Um dieses Laster des Eigenbesitzes mit der Wurzel auszurotten, muß der Abt alles Notwendige geben...; so kann sich keiner damit entschuldigen, es habe ihm etwas Notwendiges gefehlt. Der Abt erwäge aber immer jenen Satz der Apostelgeschichte: ‚Jedem wurde soviel zugeteilt, wie er nötig hatte.' So berücksichtige der Abt die Schwäche der Bedürftigen, nicht die Mißgunst der Neider" (RB 55,18.20f). Dieses Wort steht in Spannung zu dem anderen aus dem zweiten Kapitel: „Der Abt soll also alle in gleicher Weise lieben, ein und dieselbe Ordnung lasse er für alle gelten – wie es jeder verdient" (RB 2,22).

Daß die hier beschriebene Verläßlichkeit ein Charakteristikum eines Klosters im Geist des hl. Benedikt sein muß, wird auch deutlich im Zusammenhang mit der Aufnahme der Gäste, die dem Kloster nie fehlen (vgl. RB 53,16). Die Gäste sollen wissen, daß sie willkommen sind wie Christus selbst (vgl. RB 53,1). Benedikt regelt die Dienste, die ihnen erwiesen werden, und die geistliche Begleitung oder Führung, die ihnen zuteil werden soll. Das ist, schaut man sich die Ausführungen dieses Kapitels einmal genau an, nicht wenig, sondern ein umfangreiches Programm, wie es heute wiederentdeckt und als ein Beitrag und eine Hilfe für Menschen unserer Zeit erfreulicherweise in immer mehr Klöstern erkannt und zu verwirklichen versucht wird. Die Aufnahme von Gästen beschränkt sich nicht auf die Bereitstellung von ruhiger Unterkunft und gutklösterlicher Verpflegung; sie beinhaltet vielmehr ein spirituelles Angebot, oder – von der Seite der Gäste ausgedrückt, die dieses bewußt suchen,- die Gewißheit: Hier werde ich mit meinem Fragen und Suchen ernst genommen, und hier wird mir geholfen.

Einen breiten Raum nehmen in der Benediktsregel die Ausführungen über das gemeinsame
Gotteslob ein, sei es die Ordnung der Zeiten und
der Psalmen oder der Dienste und der privaten
Sphäre. Auch das will und soll Verläßlichkeit
schaffen (vgl. RB 8-20; 43; 60). Es handelt sich
wieder um sehr praktische Dinge, die geregelt
sein müssen, damit sich in diesem Rahmen dann
Gemeinschaft verwirklichen und das Herz aller
für das Lob Gottes frei sein kann.

Wer in ein Kloster eintritt, verläßt viel. Er erhält
aber auch viel: eine neue Ausrichtung und For-
mung seines Lebens. Das wird deutlich dort, wo
Benedikt von der Aufnahme in die Gemeinschaft
der Brüder spricht. Gerade hier ist Ordnung wichtig, nicht zuletzt mit Rücksicht auf den Eintreten-
den. Dreimal soll ihm die Regel vorgelesen und
soll er befragt werden, ob er so leben wolle und
könne. Daß es dabei nicht nur um seine eigene
Kraft geht, sondern um Vertrauen auf Gott, wird
an gleicher Stelle deutlich: „Nimm mich auf, Herr,
nach deinem Wort, und ich werde leben; laß mich
in meiner Hoffnung nicht scheitern" (RB 58,21).
Bei dem, woran sich der Mönch halten kann,
handelt es sich vor allem um die Regel, die mehr
ist als nur eine Sammlung von Vorschriften, sondern das „Buch des Lebens der Gemeinschaft".
Benedikt sagt von ihr: „Diese Regel soll nach
unserem Willen in der Gemeinschaft oft vorgelesen werden, damit sich keiner der Brüder mit
Unkenntnis entschuldigen kann" (RB 66,8). Es
ist psychologisch wichtig, daß an die Stelle des
Zurückgelassenen etwas Verläßliches tritt, eine
neue Beheimatung. Die Frage, worauf ich mich
verlassen kann, findet ihre Antwort aus dem bisher Gesagten: Wenn ich mich loslasse auf Gott
und die Gemeinschaft hin, kann sich mein Suchen

erfüllen und mein Leben neu seinen Sinn finden.
Darauf kann ich mich verlassen.

Zwischen Angst und Vertrauen

Angst machen kann alles, was neu und ungewohnt
ist. Der neu eintretende Mönch kommt sich wieder
wie ein Schüler vor und soll es offensichlich auch:
„Wir wollen also eine Schule für den Dienst des
Herrn einrichten. Bei dieser Gründung hoffen wir,
nichts Hartes und nichts Schweres festzulegen.
Sollte es jedoch aus wohlüberlegtem Grund etwas
strenger zugehen, um Fehler zu bessern und die
Liebe zu bewahren, dann laß dich nicht sofort von
Angst verwirren und fliehe nicht vom Weg des
Heils; er kann am Anfang nicht anders sein als eng"
(RB Prol 45-48). Der ganze Prolog ist eine werben-
de Rede; er will gewinnen, nicht durch schöne
Worte, sondern indem er Perspektiven für ein grö-
ßeres Leben aufzeigt. Er will eine Vision vermitteln: „Wer ist der Mensch, der das Leben liebt und
gute Tage zu sehen wünscht", zitiert Benedikt
Psalm 34 (RB Prol 15). Auf einen solchen Weg kann
sich nur einlassen, wer Vertrauen hat. Zu einem
solchen Weg kann aber auch nur einladen, wer
Vertrauen verdient und bewiesen hat, daß es ihm
entgegengebracht wird: „Öffnen wir unsere Augen
dem göttlichen Licht, und hören wir mit aufge-
schrecktem Ohr, wozu uns die Stimme Gottes
täglich mahnt und aufruft: ‚Heute, wenn ihr seine
Stimme hört, verhärtet eure Herzen nicht!'"
(RB Prol 9f).

Die Angst wird thematisiert in den Kapiteln 64
und 70. Ersterem geht es nicht nur um die Frage,
wer Abt werden soll und wie, sondern wie der
Abt sei: „Immer gehe ihm Barmherzigkeit über
strenges Gericht, damit er selbst Gleiches erfah-

re" (RB 64,10). Und wie auf eine knappe Formel gebracht umschreibt Benedikt die geistliche Führung durch den Abt so: „Er hasse die Fehler, er liebe die Brüder" (RB 64,11). Die Mönche sollen weder das Amt noch den Amtsinhaber fürchten; sie sollen vielmehr erfahren, daß er barmherzig ist – und warmherzig. Der Abt wie jeder Obere und Mitbruder, der in irgendeiner Weise Autorität ausübt, darf nicht Angst einflößen. Ob damit schon eine angstfreie Gemeinschaft geschaffen wird oder eine angstfreie Zone in der Gemeinschaft, sei dahingestellt. Wer nicht Angst einflößen will, darf selber nicht ängstlich sein. Angst vor dem Oberen kann ein Zeichen von Fixierung oder Projektion sein, also eine Einseitigkeit und Verzerrung. Menschen – und damit auch Mönche – haben Angst voreinander, eingestanden oder nicht. Angst aber schlägt leicht in Aggression um. Das war offensichtlich schon zu Benedikts Zeiten so im Kloster: „Keiner darf einen seiner Brüder ausschließen oder schlagen" (RB 70,2; vgl. ebd. V.6-7). Ob ein Kloster jemals eine angstfreie Gemeinschaft werden kann, ist fraglich. Daß es ein Ort wird, an dem man lernt, mit seinen Ängsten und Aggressionen umzugehen und sich loszulassen, ist zu hoffen.

Sich auf Gottes Barmherzigkeit verlassen, nicht auf eigene Leistung
Deutlich wird das Vertrauen auf Gottes Verheißung bereits im Prolog ausgedrückt, wenn Benedikt dort von denen, die den Herrn fürchten, sagt: Sie „werden wegen ihrer Treue im Guten nicht überheblich; sie wissen vielmehr, daß das Gute in ihnen nicht durch eigenes Können, sondern durch den Herrn geschieht. Sie lobpreisen den Herrn, der in ihnen wirkt, und sagen mit dem Propheten:

,Nicht uns, o Herr, nicht uns, sondern deinen Namen bring zu Ehren.' Auch der Apostel Paulus hat nichts von seiner Verkündigung als sein Verdienst angesehen, sagt er doch: ,Durch Gottes Gnade bin ich, was ich bin.' Und er sagt auch: ,Wer sich rühmen will, der rühme sich im Herrn.'" (RB Prol 29-32).

Das Gebetswort „O Gott, komm mir zu Hilfe; Herr, eile mir zu helfen", hat bei Benedikt nicht nur seinen festen Platz in der Liturgie, sondern ist so etwas wie ein Stoßgebet in der Mühe des Alltags , seiner Arbeiten und Dienste. Was schon im Kleinen sich bewahrheitet, das gilt noch mehr im Großen: Das ganze Leben des Mönches ist ein Sich-auf-Gott-Verlassen, wie es in den Worten über die Anachoreten zum Ausdruck kommt:"So können sie jetzt zuversichtlich mit eigener Hand und eigenem Arm gegen die Sünden des Fleisches und der Gedanken kämpfen, weil Gott ihnen hilft" (RB 1, 5).

Für Benedikt ist der Mönch ein Mensch, den in all seiner Begrenztheit und mit allen seinen Schwächen doch das Eine auszeichnet: Er läßt nicht von Gott. In diesen Gedanken faßt der Mönchsvater von Montecassino auch den Prolog zu seiner Regel zusammen: „Darum wollen wir uns seiner Unterweisung niemals entziehen und in seiner Lehre im Kloster ausharren bis zum Tod. Wenn wir so in Geduld an den Leiden Christi Anteil haben, dann dürfen wir auch mit ihm sein Reich erben" (RB Prol 50).

Das Gegenteil kennt Benedikt aber auch: der Mönch, der den frei gewählten Weg wieder verläßt. Es ist der Endpunkt vieler Nachlässigkeiten, des Zulassens fauler Kompromisse und der schlechten Gewohnheiten. Da es sich um eine ständige Versuchung handelt, muß man auch ständig und regelmäßig dagegen angehen. Dem dient unter anderem die jährliche Fastenzeit. „Deshalb raten wir, daß wir wenigstens in diesen Tagen der Fastenzeit in aller Lauterkeit auf unser Leben achten und gemeinsam in diesen heiligen Tagen die früheren Nachlässigkeiten tilgen" (RB 49,2f). Neben dem Austritt aus eigenem Antrieb (vgl. RB 58,15.28) kennt Benedikt die Entlassung aus Unverbesserlichkeit (vgl. RB 28) oder wegen grober Störung der Gemeinschaft (vgl. RB 62 und 71,9). Bei aller Konsequenz ist Benedikt nicht rigoros. Er sieht vielmehr vor, daß ein Ausgetretener bis zu dreimal wieder aufgenommen werden kann – wenn er sich bessert (vgl. RB 29,1).

Begleiten und Führen

Der Abt „muß wissen, welch schwierige und mühevolle Aufgabe er auf sich nimmt: Menschen zu führen und der Eigenart vieler zu dienen... Nach der Eigenart und Fassungskraft jedes einzelnen soll er sich auf alle einstellen und auf sie eingehen" (RB 2,31f). „Stets denke er daran: Er hat die Aufgabe übernommen, Menschen zu führen, für die er einmal Rechenschaft ablegen muß" (RB 2,34). Benedikt war zweifelsohne eine der großen geistlichen Führungsgestalten. Sein Menschenbild zeichnet ihn als einen solchen aus. Alle Extreme und Verallgemeinerungen sind ihm fremd. Er weiß um die menschliche Vielfalt auch im Kloster und erteilt aller Gleichmacherei eine klare Absage. Das wird besonders deutlich in der Hirtensorge des Abtes, die man „Sorge mit Gelassenheit" nennen könnte. Geradezu klassisch ist der Text im zweiten Kapitel: „Der Abt denke immer daran, daß in gleicher Weise über seine Lehre und über den Gehorsam seiner Jünger beim

erschreckenden Gericht Gottes entschieden wird.
So wisse der Abt: Die Schuld trifft den Hirten,
wenn der Hausvater an seinen Schafen zu wenig
Ertrag feststellen kann. Andererseits gilt ebenso:
Hat ein Hirt einer unruhigen und ungehorsamen
Herde all seine Aufmerksamkeit geschenkt und
ihrem verdorbenen Treiben jede nur mögliche
Sorge zugewandt, wird er im Gericht des Herrn
freigesprochen" (RB 2,6-9). Und vorausgehend
charakterisiert Benedikt die geistliche Führung:
„Er lasse sich vom Gespür für den rechten Au-
genblick leiten und verbinde Strenge mit gutem
Zureden. Er zeige den entschlossenen Ernst des
Meisters und die liebevolle Güte des Vaters" (RB
2,24).

Die Frucht des Lassens

Man hat Benedikt von Nursia einen Menschen der
discretio genannt, und ohne Zweifel ist diese Mutter der Tugenden bei ihm besonders stark ausge-
prägt. Wenn wir betrachten, wie nach Benedikt Abt
und Mönche sich in schwierigen Situationen oder
in der Konfrontation mit Spannungen verhalten
sollen, dann fällt uns die Gelassenheit auf, die er
immer wieder anklingen läßt und rät. Gelassen
kann aber nur sein, wer gelernt hat, zu lassen, zu
unterscheiden zwischen Wichtigem und weniger
Wichtigem; wer vor allem gelernt hat, sich selbst
nicht zu ernst zu nehmen und festzuhalten, sondern sich loszulassen auf Gott hin.
In den beiden Abtskapiteln begegnet uns diese
Haltung an vielen Stellen. Ein Wort wurde in
anderem Zusammenhang bereits erwähnt. Ganz
knapp hieß es da: „Er hasse die Fehler, er liebe die
Brüder" (RB 64,11). Gelingt ihm das, dann kann
er damit zurechtkommen, daß nicht alle im Klo-

ster Heilige sind. Gelassenheit wird aber nicht nur von Führungskräften verlangt, wenngleich ihr Mangel dort am deutlichsten auffällt. Für jeden gilt: „Wenn einem Bruder etwas aufgetragen wird, das ihm zu schwer oder unmöglich ist, nehme er zunächst den erteilten Befehl an, in aller Gelassenheit und im Gehorsam" (RB 68,1). Zu letzterem gehört ein frohes Herz und kein Murren (vgl. RB 5,16-18). Gelassenheit ist eng verwandt mit der Geduld, vor allem mit sich selbst: „Sie sollen einander in gegenseitiger Achtung zuvorkommen; ihre körperlichen und charakterlichen Schwächen sollen sie mit unerschöpflicher Geduld ertragen" (RB 72,4f; vgl. RB 36,5). Und die Zufriedenheit gehört dazu, handele es sich um die Arbeit oder um den Wein: „Wenn es die Ortsverhältnisse oder die Armut fordern, daß sie die Ernte selber einbringen, sollen sie nicht traurig sein" (RB 48,7). „Wo aber ungünstige Ortsverhältnisse es mit sich bringen, daß nicht einmal das oben angegebene Maß, sondern viel weniger oder überhaupt nichts zu bekommen ist, sollen die Brüder, die dort wohnen, Gott preisen und nicht murren" (RB 40,8). Und schließlich sollte nicht einmal die berechtigte Sorge um die geringen Finanzen des Klosters Anlaß zur Beunruhigung sein. Benedikt weist in diesem Zusammenhang mit einem Wort Jesu aus der Bergpredigt auf den letzten Grund der Gelassenheit hin: „Sucht zuerst das Reich Gottes und seine Gerechtigkeit, und dies alles wird euch dazugegeben" (Mt 6,33, zitiert in RB 2,35).

Das ist die eine, die große Berufung aller Christen: Sich ganz auf Gott verlassen – und zugleich sich einlassen auf die Menschen, die Gott an unsere Seite gestellt hat. Doch wie macht man das? Wie bringt man das nötige Vertrauen dazu auf, wie die positive innere Einstellung zu den

Menschen? Ganz unverhofft schreibt Benedikt in der Aufzählung der vielen „Werkzeuge der geistlichen Kunst" (RB 4,26): „Von der Liebe nicht lassen."

Das ist es, nicht mehr, aber auch nicht weniger.

Ich kann es nicht lassen

Ich kann es nicht lassen, mich über meinen Nachbarn und seine Rücksichtslosigkeit zu ärgern. Ich kann es nicht lassen, immer wieder an die verpaßte Gelegenheit im Geschäft zu denken. Ich kann es nicht lassen, den gestrigen Streit in Gedanken zu wiederholen. Ich kann es nicht lassen, die immer gleichen Vorwürfe zu erheben. Ich kann es nicht lassen, in Gedanken immer wieder dieselben Szenen durchzuspielen. Ich kann es nicht lassen, von Glück und Ruhm zu träumen. Ich kann es nicht lassen, immer wieder dieselben Fehler zu machen. Ich kann es nicht lassen, mir eine Zigarette anzuzünden. Ich kann es nicht lassen, zwischendurch ein Glas zu trinken. Ich kann es nicht lassen, Träumen nachzuhängen. Ich kann es nicht lassen, mich im Kreis der Kollegen aufzuspielen. Ich kann es nicht lassen, bestimmte Bilder und Vorstellungen immer wieder wachzurufen. Ich kann soviel nicht lassen und kann zugleich soviel nicht anfangen, eben weil ich an zuviel gebunden bin, mich selbst gebunden habe, manchmal auch gar nicht lassen will, obwohl ich weiß: Ich müßte dieses und jenes lassen, müßte mich aus falschen Abhängigkeiten lösen, um wieder frei zu sein, ein wenig freier wenigstens, als ich jetzt bin.

Wie das Anfangen und das Bleiben ist das Lassen ambivalent: Es gibt einen guten Anfang und einen Anfang zum Schlechten. Es gibt eine positive Beständigkeit und ein falsches Verhaftetsein, eine gute Gewohnheit und eine schlechte. Es gibt eine Flucht aus der Pflicht und ein notwendiges Loslassen und Abgeben, ein Weglaufen und ein Freiwerden. Das Lassen steht in der Spannung von Bleiben und Anfangen. Was überholt ist, ausgelaufen, verbraucht oder sinnlos, das muß beendet, abgeschlossen, aufgegeben werden; das muß der Mensch abgeben und loslassen, damit er Neues anfangen, ergreifen, versuchen und gestalten und dann weiterführen und auf Dauer befestigen und bestärken kann. Bis dann auch dafür die Zeit abgelaufen ist, und es wieder heißt, loszulassen, aufzugeben, um frei zu werden für etwas Neues. Es geht hier aber nicht nur um einen Wechsel der Zeiten und Prioritäten von Tätigkeiten, die der Mensch ausübt. Es geht um den Menschen selbst, um seine Entwicklung, um seinen persönlichen Lebensweg, der durchaus Abwege und Umwege kennt, Sackgassen, in die der Mensch sich ver-rennt, falsche Entscheidungen, die zu Bindungen und Abhängigkeiten führen, die oft erst spät er-kannt und dann nur schwer gelöst werden. Es geht um die „Macht der Gewohnheit" ebenso wie um die Sucht, um alles, was sich zwischen diesen beiden Formen von Abhängigkeit abspielt. Es geht um all das, wovon einer irgendwann einmal sagen muß: Ich kann es nicht lassen – und weiß doch, daß ich es müßte.

„Der Mensch ist ein Gewohnheitstier."

Die Wahrheit dieses Satzes geht uns auf, wenn wir einmal bewußt einen normalen Tag in unserem Leben daraufhin betrachten, was wir alles ge-wohnheitsmäßig tun, nach festen Regeln und Sche-mata, nach einer Ordnung und Gewohnheit, die wir selbst uns im Laufe der Zeit geschaffen haben. Wahrscheinlich wird uns gar nicht alles bewußt werden, was wir aus Gewohnheit tun – eben weil wir es aus Gewohnheit tun, es so sehr gewohnt sind, daß wir schon gar nicht mehr merken, daß wir es gewohnheitsmäßig tun. Wenn wir jeden

Tag alles neu anfangen, bewußt entscheiden und dazu eben auch vorher überlegen müßten, wir wären völlig überfordert oder würden nicht fertig mit dem, was der Tag bringt. Wenn wir jeden Morgen überlegten, wohin wir die Zahnbürste legen, und dann am nächsten Morgen wieder überlegen müßten, wohin wir sie am Vortag gelegt haben, und wenn wir das mit allem, den Autoschlüsseln, dem Regenmantel, der Brille so machten, wir kämen durcheinander, und die Zeit liefe uns davon. Wenn wir jeden Tag unser Leben bis in die Kleinigkeiten neu ordnen wollten oder müßten, wir würden uns aufreiben, und es bliebe uns wenig Zeit und Kraft für das, was wirklich bedacht und entschieden werden muß. Wir alle leben mit und von unseren Gewohnheiten, so sehr, daß wir es oft gar nicht mehr merken. Solange es sich um so harmlose Dinge handelt wie die vorausgehend Genannten, ist das kein Problem. Doch es kann schnell eines werden: etwa wenn es zur Gewohnheit wird, daß wir uns eine Zigarette anstecken, immer häufiger und immer selbstverständlicher dann, wenn irgendetwas uns unangenehm ist, wenn wir meinen, uns ablenken oder entspannen zu müssen. Oder wenn wir bei solchen Gelegenheiten zum Alkohol greifen, zu einem Beruhigungs- oder Aufputschmittel.

Es geht aber nicht nur um die „Alltagsdrogen" und schon gar nicht nur um harte Drogen. Es geht um all das, was wir uns so sehr angewöhnen, daß es uns nicht nur entlastet, sondern langsam aber sicher zur Belastung wird: zur Bindung, erst unbewußt, dann von einem bestimmten Punkt an bewußt, doch vielleicht bereits so stark, daß es schwer wird, sich zu lösen. Dann laufen die immer gleichen Gedanken und Vorstellungen ab, auf die wir selbst uns langsam aber sicher, unbewußt aber deshalb doch tief verwurzelt programmmiert haben. Das sind nicht nur harmlose Gewohnheiten, sondern Bindungen, aus denen wir uns nur mehr schwer lösen können, Abhängigkeiten.

Abhängig

Jeder Mensch möchte frei, selbständig und unabhängig sein. Das ist ein Ideal, auf das wir programmiert sind. Sobald das kleine Kind laufen lernt, will es seine eigenen Wege gehen. Dem gegenüber steht in einem seltsam erscheinenden Kontrast die weitgehende Abhängigkeit des Kindes: Es kann sich nicht selbst ernähren, es kann sich noch nicht selbst waschen und sauberhalten; aber es will unabhängig sein. Dieser Wunsch zieht sich durch sein ganzes Leben. Es mutet geradezu tragisch an, daß aus diesem Wunsch nach Unabhängigkeit oft und schnell eine Abhängigkeit wird, paradoxerweise gerade deshalb, weil die (vermeintliche) Unabhängigkeit mit allen Mitteln gesucht wird. Zugleich braucht jeder Mensch aber auch Zuwendung, braucht die Erfahrung, von anderen angenommen, geachtet, geliebt und gebraucht zu werden. Wo andere, gerade diejenigen, die ihm am nächsten stehen, ihm diese Zuwendung vorenthalten, sucht er sie sich woanders: Er versucht, auf sich aufmerksam zu machen, durch Leistung sich Ansehen zu verschaffen; wo ihm das nicht gelingt oder er trotzdem nicht wahrgenommen wird, da fällt er auf sich selbst zurück, wird dazu übergehen, sich zu trösten, sich die Zuwendung, die ihm die anderen verweigern, selbst zu geben, wieder und wieder, immer öfter. So entsteht Sucht aus der Suche nach Zuwendung.

Es kann hier keine Psychologie der Abhängigkeit und der Sucht entwickelt werden; es geht nur darum, das Bewußtsein zu schärfen für das, was Abhängigkeit ist, was diese Form des falschen Bleibens, Verhaftetseins ausmacht und welche Bedeutung das Lassen, der Kampf um die Wiedererlangung der Freiheit dabei hat.

Abhängigkeit zeigt sich in der Befriedigung verschiedener Bedürfnisse durch „Objekte"; diese können belebt und unbelebt sein: Menschen, ohne die ich nicht leben kann oder glaube leben zu können; Tiere, die um mich sein müssen, und wenn sie nicht da sind, bin ich krank. Es können unbelebte Objekte sein, von den Süßigkeiten, die einer sich in den Mund steckt, weil der – aber nicht nur der – mit etwas beschäftigt sein muß, bis hin zu den Dingen, die das Wohlgefühl steigern: allerdings immer nur für eine bestimmte Zeit, und wenn die abgelaufen ist, wenn die Wirkung nachläßt, dann kommt so etwas wie ein bitterer Nachgeschmack, ein Gefühl des Mangels. Dieses Gefühl kann so stark werden, daß es sich nicht durch etwas anderes ablenken oder ausgleichen läßt. Dann kann nur dasselbe Objekt Abhilfe schaffen. Nur der Schluck aus der Flasche, die Zigarette, die stimulierende Pille, das Aufputschmittel, die Schmerztablette, die Haschischzigarette, der Schuß Heroin oder was auch immer dann helfen soll. Das Teuflische dieser Objekte ist, daß sie abhängig machen; daß der Abstand zwischen den Einnahmen immer kürzer wird, die Wirkung immer weniger anhält. Wo diese Entwicklung nicht mehr aufzuhalten, zu bremsen, wo die Zeitabstände nicht mehr zu vergrößern sind, die Einnahme immer zwangsläufiger und schneller erfolgen muß, da ist eine schwere Abhängigkeit, eine Sucht gegeben.

Davon unterscheiden müssen wir andere, positive Abhängigkeiten, die Grundbedürfnisse des Menschen betreffen: die Nahrung, der Schutz vor den Unbilden der Umgebung, das Miteinander mit anderen Menschen, mit einem Partner. Auch hier ist der Mensch abhängig, aber in einer mehr oder weniger gleichbleibenden Weise, in einer Art, die er gestalten kann. Der Mensch muß essen; aber er muß nicht unbedingt soviel und so regelmäßig essen, wie er es meistens tut. Er ist vom Essen physisch abhängig, aber so, daß er diese Abhängigkeit gestalten kann. Es ist manchmal hilfreich, bewußt auf eine Mahlzeit oder eine bestimmte Speise zu verzichten; das ist nicht nur für den Magen, sondern auch für die Seele heilsam.

Drogen

Eine physische Abhängigkeit in Form einer Sucht ist dagegen die bereits vorausgehend genannte Befriedigung von Bedürfnissen durch Objekte. Die „klassischen" Süchte haben mit Drogen im weitesten Sinn zu tun. Der Körper wird abhängig und schreit nach der Befriedigung, die nur diese eine (oder eine in der gleichen Art noch stärker wirkende) Droge geben kann. Die Schwere der Sucht zeigt sich in den Entzugserscheinungen.
Die Geschichte einer Abhängigkeit und Sucht ist individuell verschiededn und folgt doch über weite Strecken dem gleichen Muster. Nach einer Phase des unbeschwerten und selbstverständlichen Umgangs mit dem Suchtmittel, das Wohlbefinden und Stimulierung in einer angenehmen Weise verursacht, entwickelt sich die Abhängigkeit durch einen regelmäßigen und ständig steigenden Konsum, bis dann der Punkt erreicht ist, an dem es nicht mehr ohne das Mittel, die Droge geht. Die Abstände zwischen den Einnahmen schrumpfen, das Gefühl des Mangels wird so stark, daß es nicht

mehr lange, kaum noch, dann gar nicht mehr ausgehalten werden kann. Der Konsum der Droge bestimmt immer mehr das Verhalten des Menschen. Die Droge wird zu seinem Zeitmaß, dem alles – persönliche Beziehungen, Arbeit, Essen, Schlafen – untergeordnet wird. Die Abhängigkeit wird immer umfassender; sie bestimmt das Denken und Fühlen des Menschen. Er konzentriert sich immer mehr auf die Beschaffung und Garantierung des Mittels, das im Mittelpunkt seines Lebens steht. Sein soziales Verhalten wird davon bestimmt; seine Schuldgefühle melden sich und werden ständig unterdrückt. Er baut eine eigene Welt auf, die um die Droge angeordnet ist und deren Verfügbarkeit garantieren muß. So wird das Leben immer enger, immer mehr auf das Eine fixiert. Der Mensch ist sich dessen zunächst noch bewußt, aber er hat nicht mehr die Kraft, es zu ändern. Das ist das eigentlich Tragische einer Sucht.

Angefangen hat es mit dem Wunsch, intensiver, freier, erfüllter, glücklicher zu leben, das Bewußtsein zu erweitern, aus den Niederungen des Alltags mit seinen Frustrationen sich zu erheben; „high" zu sein, wenn einem danach ist; sich stark zu fühlen, wenn man es will und braucht; neue Welten zu erleben, neue Erfahrungen zu machen, sein Bewußtsein zu erweitern; nicht mehr Spießer unter Spießern zu sein, sondern etwas Besonderes, wenn schon nicht durch Leistung, so doch dem Gefühl nach. Das ging eine zeitlang; das half, bis die Wirkung der Droge nachließ und immer stärkerer Stoff nachgeschoben werden mußte und schließlich die Sucht eine Eigendynamik entwickelte, die sich nicht mehr bremsen, nicht mehr kontrollieren ließ.

Daraus geworden ist etwas ganz anderes, als was man gesucht hat, genau das Gegenteil: Unfreiheit,

Schwäche, Beschämung, Enttäuschung über sich selbst, Frustration, Verachtung durch die anderen und Selbstverachtung – und bei alldem wenig Aussicht, daß das wieder besser wird. Auf der Suche nach dem Glück ist der Mensch in der Sucht gelandet.

Abhängigkeit kann aber auch psychisch bedingt sein. So beispielsweise die Freßsucht, die Geltungs- und Streitsucht und die Fernsehsucht, Süchte, die oft noch zu wenig ernstgenommen werden, vielleicht deshalb, weil sie dem „klassischen" Suchtbild nicht zu entsprechen scheinen. Solche Süchte können ausgelöst werden durch Störungen in der Persönlichkeitsstruktur bzw. -entwicklung der betreffenden Person. Der Grund kann liegen in einer starken Verunsicherung schon in der frühen Kindheit. Orientierungsprobleme schaffen oder fördern Abhängigkeiten, ebenso häufig sich wiederholende Enttäuschungen, die zu Fixierungen führen können. Es ist eigenartig: Eine Zeit und Gesellschaft, die den Menschen mehr ermöglicht als den Generationen vor ihnen, führt nicht zu mehr Zufriedenheit, Gelassenheit und dem Gefühl umfassender Sicherheit, sondern bewirkt eher das Gegenteil: Die Menschen fühlen sich leer, unerfüllt, überflüssig – und können mit diesen Gefühlen und Stimmungen nicht umgehen. Sie suchen nach greifbaren, jederzeit machbaren und leicht erreichbaren Erfolgserlebnissen. Diese können harmloser Natur sein, wie Süßigkeiten – sofern daraus nicht eine Freßsucht wird –, oder können innerhalb relativ kurzer Zeit zu Abhängigkeiten und zur Sucht führen wie das Trinken „aus Langeweile" oder zum Überspielen eines Ärgers bzw. einer Frustration. Letztlich kann wohl jeder Genuß zur Übertreibung führen und damit gefährlich werden als Verursacher einer

Abhängigkeit. Die Vielfalt der Abhängigkeiten und damit ihre potentielle Gefahr wird meistens noch weit unterschätzt; dabei handelt es sich um ein Phänomen, das eigentlich am Anfang einer jeden Abhängigkeit, einer jeden Sucht steht.

Andere Abhängigkeiten und Fixierungen

Angesichts der wachsenden Problematik der Drogensucht werden andere Abhängigkeiten und Fixierungen, die nicht durch irgendwelche „Mittel" verursacht werden, in ihrer Bedeutung und Gefahr übersehen, obwohl sie alltäglich und für die Betreffenden kaum weniger gefährlich sind als die bekannten Drogen.

Das bekannteste Beispiel sind wohl die „workaholics", ein Begriff, der aus den beiden englischen Wörter „work" und „alcohol" zusammengesezt ist und meint: einer, der abhängig von Arbeit oder süchtig nach Arbeit ist wie ein Alkoholiker nach dem Alkohol. Solche workaholics sind keine Randexistenzen der Gesellschaft, nicht auf den ersten Bick zu erkennen wie die Nichtseßhaften, die man in den Fußgängerzonen der Städte antrifft. Die workaholics sind oft hochangesehe Menschen, gut dotierte Manager, bekannte Politiker und Funktionäre. Ihre Droge ist nicht ein verfemtes Genußmittel, sondern das, was den Menschen adelt: die Arbeit. Die Tatsache, daß seit den 50er Jahren die Wochen-, Jahres- und Lebensarbeitszeit des durchschnittlichen Bundesbürgers ständig gesunken ist, so tief, daß sie inzwischen wirtschaftlich nicht mehr verantwortbar scheint, sagt noch gar nichts aus über die Verteilung der Arbeit und über das, was der einzelne sich mehr oder weniger bewußt und freiwillig zumutet oder zumuten läßt. Der

Workaholic kann es nicht lassen zu arbeiten, zu sorgen, zu sinnieren. Wenn er nicht arbeitet, fehlt ihm etwas, fühlt er sich leer und überflüssig, hat er Entzugserscheinungen, psychisch denen vergleichbar von Alkoholikern. Die Hintergründe für einen „workaholism" können verschieden sein: eine übertriebene Selbstbestätigung, die Angst, überflüssig zu werden, das ständige Streben nach immer neuen Erfolgen, das Überspielen von Unsicherheiten, die Not, anderen beweisen zu müssen, wie tüchtig man ist.

Andere Fixierungen und Abhängigkeiten sind beispielsweise die Kritiksucht, das krankhafte Suchen nach Fehlern und Fehlleistungen anderer, um sie deswegen fertigzumachen. Aber eigentlich geht es nicht oder nicht in erster Linie um den konkreten Fehler, sondern darum, diesen Menschen zu demütigen, herunterzumachen und dabei sich selbst hervorzuheben. Es gibt Menschen, die können mit so etwas nicht aufhören, weil ihr Selbstwertgefühl, vielleicht sogar ihre Identität davon abzuhängen scheint. Ähnliches gilt für Menschen, die andere herumkommandieren müssen, ein Phänomen, das bei Eheleuten weit verbreitet ist. Auch hier geht es um Selbstbestätigung, um die Hebung des Selbstwertgefühls dadurch, daß ein anderer erniedrigt wird. Auch das kann zur Sucht, zur Obsession werden.

Mit dem „Einreden" zusammen hängt die Gewohnheit, die bald zur Abhängigkeit und Droge werden kann, in Gedanken Streitgespräche mit anderen zu führen: mit dem Chef, mit erfolgreicheren Kollegen, mit dem Ehepartner. Der Sieger in diesen Gesprächen steht von vornherein fest; der Verlierer ist immer der andere. Er wird in den fiktiven Gesprächen fertiggemacht, und man spielt diese Szene wieder und wieder durch, um sich selbst daran aufzurichten. Dasselbe gilt auch für

andere Szenen, die in Gedanken durch- und vor-
gespielt werden. Je häufiger die Wiederholung,
desto tiefer der Eindruck und desto verheerender
die eigene Irreführung, das immer herrlicher wer-
dende Wunschbild, zu dem die Wirklichkeit in
einem immer krasseren Kontrast steht. Das kann
dazu führen, daß mit einer anderen Droge die
Realität zugedeckt werden muß.

Wer gelegentlich zuviel trinkt, bekommt einen
Kater. Das ist meist noch harmlos und auch hilfreich als abschreckendes Mittel. Die Entzugserscheinungen einer Sucht dagegen sind schlim-
mer, aber bewirken doch weniger Konkretes in
Richtung Entzug. Dabei muß es gerade darum
gehen: Was kann ich tun, um frei zu werden? Wie
kann ich dem anderen helfen, von dem zu lassen,
was ihn unaufhaltsam zerstört?
„Der Weg zur Hölle ist mit guten Vorsätzen
gepflastert", sagt ein Sprichwort, das auf Erfahrung beruht. Vorsätze allein genügen nicht. Erst
die Konfrontation mit der Realität, erst das Bewußtsein, am Ende zu sein, schafft für die meisten
die Voraussetzung, den Weg zurück ernstlich zu
versuchen. Was Mark Twain von der Gewohnheit geschrieben hat, gilt auch für die Sucht: „Eine
Gewohnheit kann man nicht zum Fenster hin-
auswerfen. Man muß sie Stufe für Stufe die Trep-
pe hinunter locken."
Schritt für Schritt. Wie diese Schritte aussehen
könnten und müßten, zeigen die verschiedenen
Ansätze von Suchttherapien. Hier soll es nur um
einige Überlegungen und Anregungen gehen auf
dem Hintergrund dessen, was vorausgehend über
das Loslassen ausgeführt worden ist.

Loslassen – freiwerden

Es gibt gute Gewohnheiten, Abhängigkeiten im positiven Sinn, nämlich Bindungen an Menschen, soziale Verpflichtungen, Einbindung in Gemeinschaften, in die Familie, in den Freundeskreis. Das alles hilft dem Menschen, sich in der Welt zu orientieren und zu verwurzeln. Es bewahrt ihn vor Isolation, die anfällig macht für falsche Abhängigkeiten, für Fixierungen auf Dinge, auf Genuß und Bestätigung. Es ist wichtig, daß wir in einer Atmosphäre der Offenheit leben, die es erlaubt, loszulassen, frei zu werden von falschen Bindungen. Von klein auf muß der Mensch lernen, Spannungen, Frustrationen und Verletzungen auszuhalten.

Wer abhängig geworden ist von Dingen, von Drogen, von falschen Bildern seiner selbst und seiner Umwelt; wer angewiesen ist auf übertriebene Selbstbestätigung, muß die Solidarität anderer Menschen erfahren, die ihn so nehmen, wie er ist, und die ihn spüren lassen: Wir mögen dich so, wie du bist. Du brauchst nicht eine bestimmte Rolle zu spielen; du mußt nicht immer den starken Mann, die starke Frau zu markieren. Du bist geliebt, wie du bist. Jeder von uns muß erfahren, daß er nicht allein gelassen ist, sondern auf andere zählen kann, egal wie es ihm geht, wie er sich gibt, wie er in seine Probleme verstrickt ist. Erleben wir solche Zuneigung und vorbehaltlose Annahme, dann können wir uns lösen aus gefährlicher Verstrickung, aus Schuld und Abhängigkeit. Ohne fremde Hilfe ist es kaum möglich, sich von einer Sucht zu befreien.

Aber auch die Gemeinschaft und Solidarität kann dem in falsche Abhängigkeit Verstrickten nicht die Entscheidung abnehmen, sich abzuwenden von dem, was ihn gefangen hält. Er muß es selbst wollen, muß mit seiner ganzen Kraft daran arbeiten. Die anderen können bei bestem Willen ihn darin nur bestärken, unterstützen, ihn ihre Solidarität spüren lassen. Am Anfang muß der feste Entschluß stehen: Ich fange heute an. Ich warte nicht bis morgen. Ich erlaube mir keine Ausreden mehr. Ich weiß, daß ich mich verrannt habe, daß ich auf einem falschen Weg bin. Und ich weiß: Allein komme ich da nicht heraus. Aber es gibt für mich auch keinen anderen Weg, als es zu versuchen. Mit jedem Rückfall, so sehr er mir im Moment auch entgegenzukommen scheint, wird es nur schwerer. Jedes Scheitern ist eine weitere Enttäuschung, die allein ich mir bereitet habe, ist meine eigene Schuld. Niemand anderes ist dafür verantwortlich. Wenn ich nicht mit ganzem Willen und mit aller Kraft mich anstrenge, kann mir niemand helfen. Es liegt an mir. Darum gibt es nur Eines: Ich fange jetzt an.

Für den Christen ist das Loslassen, die Befreiung aus falscher Abhängigkeit, aus der Sucht, immer auch eine Frage nach Gott und der Hinwendung zu ihm. Denn in der Sucht ist der Mensch an sich und damit an Gott schuldig geworden. Das muß er zunächst einmal eingestehen, und dieses Eingeständnis wird ihn davor bewahren, die Schuld bei anderen zu suchen und damit sich zu entschuldigen und zu entlasten. Loslassen heißt im Angesicht Gottes: sich auf Gott hin loslassen, sich ihm anvertrauen, ihn um Hilfe bitten. Gott macht die Therapie der Umkehr, der metanoia, möglich. Jesus hat diese Umkehr in einem seiner schönsten Gleichnisse beschrieben, im Gleichnis vom verlorenen Sohn und barmherzigen Vater. „Ich will aufbrechen und zu meinem Vater gehen und zu ihm sagen: Vater, ich habe mich gegen den Himmel und gegen dich versündigt. Ich bin nicht mehr wert, dein Sohn zu sein" (Lk 15,11-32). Dieses Gleichnis zeigt: Umkehr wird erst möglich, wenn der Mensch ganz unten ist. Dann erst hält er nach niemand anderem mehr Ausschau als nach seinem himmlischen Vater; dann erst überwindet er seinen Stolz, seine Scham; und dann erst gewinnt er in der Erinnerung an den Vater Mut, heimzukehren, um Verzeihung zu bitten und von vorne anzufangen.

Die jährliche Fastenzeit ist eine Zeit der Erinnerung daran und der Einübung darein. Sie steht unter der Mahnung: „Laß ab vom Bösen, tu das Gute!" Fasten ist immer eine Form der Umkehr, hat immer therapeutische Funktion. Es vermittelt aber auch eine ganz praktische Erfahrung: Ich kann ohne dieses oder jenes auskommen – wenn ich es ernst meine, wenn ich es mich etwas kosten lasse. Der heilige Benedikt verstand die Fastenzeit als eine solche Zeit der Übung, einer Übung, die jeder braucht und die jedem hilft. Doch keine Übung gibt eine Garantie. Es liegt an uns, wie ernst wir die Gefährdungen nehmen, wie wichtig es uns ist, „den Anfängen zu wehren".

Wenn die Kräfte nachlassen

Die meiste Zeit unseres Lebens verbringen wir damit, etwas zu erwerben, zu gestalten, zu schaffen und zu leisten. Das beginnt in früher Jugend, von dem Moment an, wo wir nicht mehr völlig von anderen, von Mutter und Vater, von unserer Familie abhängen wollen. Mit dem ersten Schritt entdeckt und erwirbt sich das kleine Kind seine eigene Welt. Und es lernt bald, daß es das Erworbene zu erhalten, festzuhalten, zu schützen und zu verteidigen gilt gegen andere, die es einem wegnehmen können. Das beginnt bei den eigenen Spielsachen und endet schließlich dann dort, wo wir nichts mehr festhalten können, nicht einmal mehr uns selbst, unser Leben. Es endet mit dem Tod. Doch bis dorthin ist es ein langer Weg.

Um diesen Weg geht es. Um den Weg unseres Lebens. Je länger ein Weg ist, desto tiefer gräbt sich die Erfahrung ein, unterwegs zu sein, auf ein Ziel ausgerichtet. Und wenn dieses Ziel dann endlich erreicht ist: was dann? Das Erlebnis des Erreichens, die Freude am Erworbenen dauert nicht an. Bald meldet sich der Wunsch, zu Neuem, aufzubrechen, neue Ziele anzustreben, neue Horizonte zu eröffnen, neue Erfolge zu feiern, mehr und mehr zu erwerben, zu sammeln und zu horten. Der Mensch ist nun einmal ein Jäger und ein Sammler. Das ist seine Stärke und hat ihn überleben, reiche Kulturen schaffen lassen. Es ist aber auch seine Grenze und kann leicht zu seiner Schwäche werden. Denn irgendwann kommt die Einsicht – vielleicht geboren aus schmerzlichen Grenzerfahrungen wie Krankheit oder Alter –, daß es mit dem Erwerben, Sammeln, Erobern und Verteidigen des Erreichten nicht ewig so weitergehen kann. Daß das Maß nicht nur erfüllt ist, sondern daß ich mich lösen muß von manch lieb

Gewonnenem; daß ich loslassen muß, was ich ein Leben lang erworben habe, ja was mich zu einem großen Teil ausmacht, nicht nur in den Augen der anderen, sondern auch in meinem Selbstverständnis. Das ist eine neue, meistens auch eine schmerzliche Erfahrung, unangenehm allemal, denn wir haben gelernt, Schmerzen zu vermeiden, sie notfalls zu überspielen; wir wissen aber auch, daß das nicht lange gut geht. Wir können vor der Wahrheit von uns selbst nicht weglaufen.

Die schönen Bilder

Etwas lassen, loslassen, weil man es nicht mehr kann – das ist vielleicht der Anfang eines längeren Prozesses des Lassens. Es ist so etwas wie eine erste Übung im Lassen, eine Lektion, die wir erhalten und die wir ungern, nur widerstrebend lernen. Es zeigt uns aber auch, was wir bisher vernachlässigt haben, wo ein Nachholbedarf besteht, auch wenn das Nachholen vielleicht noch nicht als erforderlich, eben als Bedarf erkannt wird. Die äußeren Umstände mögen noch nicht so aussehen, als müßten wir uns lösen, eher so, als könne es noch einige Zeit weitergehen wie bisher. Die Erfahrung lehrt, daß das Loslassen ein leidiges Thema ist, etwas, das meistens vernachlässigt, da nicht ernst genug genommen wird. Aufhören, Abgeben, Sichzurückziehen aus einer Aufgabe oder aus dem Rampenlicht der Öffentlichkeit, das alles tut einer kaum freiwillig und ohne Not. Aber was ist in diesem Zusammenhang Not? Erst die Erfahrung, nicht mehr so zu können, wie man früher konnte, schaffte, wirkte und Erfolg hatte? Heißt Loslassen nur: auf dem Höhepunkt von Leistung, Macht und Ansehen aufhören, damit das Erreichte nicht geschmälert wird durch die

Erfahrung von Schwäche und Nachlassen? So ist es oft, ja vielleicht in den meisten Fällen. So ist aber dann auch die persönliche Erfahrung, nämlich die Frustration: Ich muß aufhören, weil ich nicht mehr kann. Von mir aus ginge es so weiter wie bisher. Aber es geht nicht mehr. „Es" geht nicht mehr, oder „ich" gehe, „ich" kann und „ich" will auch nicht mehr wie bisher?

Die meisten Menschen lassen nicht freiwillig; sie hören nicht auf aus Einsicht. Sie scheiden aus dem Beruf aus, weil sie in den Ruhestand oder in die Arbeitslosigkeit entlassen werden. Sie geben dieses oder jenes Hobby, diese gute oder auch schlechte Gewöhnung auf, weil ihnen die Kräfte oder Mittel fehlen oder weil der Arzt sie endlich herumgekriegt hat, mit dem Rauchen aufzuhören. Von bewußtem Lassen ist dabei wenig zu spüren. Das hängt mit dem bisherigen Leben zusammen, mit dem Selbstverständnis, das man entwickelt hat aus persönlicher Erfahrung und aus den Reaktionen der Umgebung, der Freunde, Kollegen und der eigenen Familie. Welche Rolle wir spielen, das hängt zu einem großen Teil davon ab, wie andere uns sehen und was sie von uns erwarten. Loslassen kann da hilfreich sein, dann nämlich, wenn wir erkennen, wie viele und uns eigentlich nicht „passende" Erwartungen wir erfüllen, in wie viele Rollen wir schlüpfen, nur weil andere uns so sehen, uns so haben wollen, uns so benützen und ausnützen können. Wenn uns das einmal bewußt wird – und oft ist der Anlaß dazu eine persönlich schmerzliche Grenzerfahrung wie Alter, Krankheit, Arbeitsunfähigkeit oder -losigkeit, das Zerbrechen der Ehe oder einer Partnerschaft, das Ende einer Freundschaft –, dann ist es oft schon zu spät, weil wir nichts oder nicht mehr viel daran ändern können. Wir müssen dann leben mit der Erfahrung des Unvollendeten, des persönlichen Scheiterns, einer Erfahrung, die oft so gar nicht berechtigt ist, die uns aber durch die anderen und durch das falsche Bild von uns und von der Gesellschaft, von Erfolg und geglücktem Leben vermittelt wird.

Vielleicht sollten wir das Loslassen, das Sich-Lösen von Vertrautem ebenso wie von Überforderndem mit dem Lassen der falschen Bilder und Erwartungen beginnen. Das könnte helfen, uns zu entlasten, nicht auf eine billige, bequeme Weise, sondern aufgrund größerer Ehrlichkeit und Bereitschaft zur Selbsterkenntnis und Selbstkritik. Das bedeutet aber auch, daß wir uns schrittweise und stückweise von uns selbst lösen. In der Zeit der Reifung, der Leistung und des Erfolges stehen selbstverständlich der Wille und das Bedürfnis nach Anerkennung, nach Lob und Ehre stark im Vordergrund. In dieser Lebensphase sind wir das, was andere in uns sehen. Das Image spielt eine große Rolle; vieles ist aber auch Schau und Effekthascherei, eine künstliche Welt. Wir spüren gelegentlich – vielleicht durch die wohlmeinende Kritik eines Freundes –, daß dieses Bild von uns ja nicht in allem unserer inneren Realität entspricht. Aber wir würden das in der Öffentlichkeit nie zugeben. Da gilt es, weiterhin die bewährte Rolle zu spielen, guten Eindruck zu machen, sich keine Schwäche anmerkenzulassen, und was alles an Durchhalteparolen üblich ist; üblich und auch gerne internalisiert, um uns selbst zu beschwichtigen, um uns zu bestärken, die Rolle weiterzuspielen und noch einmal die innere Unruhe, die Spannung zwischen dem Selbst und dem Schein zu überspielen. Es ist nicht unbedingt Unehrlichkeit, auch nicht eine Lebenslüge, wenn wir in dieser Welt der Bilder und des Ansehens uns weiterhin bewegen. Aber auf Dauer ist es eine

Frage nach unserer realistischen Selbsteinschätzung und danach, ob wir denn wirklich alles glauben, was wir sagen, zeigen, und wie wir uns loben lassen. Es ist die Frage nach „Schein" oder „Sein", die Frage, wer wir selbst sind und wie wir sind. Diese Frage zu stellen aber bedeutet Verzicht: Verzicht auf liebgewordene Bilder und auf manchen Selbstbetrug.

Grenzerfahrungen

Wir erfahren am deutlichsten, daß unser Leben nicht so weitergehen kann wie bisher, wenn es plötzlich nicht mehr so weitergeht, sondern an Grenzen stößt. Diese Erfahrung kommt meistens unverhofft, und sie trifft die meisten Menschen unvorbereitet. Denn auf das Lassen bereiten sich die wenigsten vor. Der Anfang wird bewußt gesetzt: Eine Ausbildung wird durchlaufen, ein Beruf ergriffen, eine Position angestrebt und erreicht; eine Ehe wird geschlossen, eine Familie gegründet. Bewußt setzen wir Anfänge und meinen damit Dauer, Erfüllung, Beständigkeit und Zukunft. Daß das alles aber auch einmal an eine Grenze, vor allem an ein Ende kommen wird, das machen wir uns selten – wenn überhaupt einmal – bewußt. Denn das ist die andere, die schmerzliche, die ungewisse, die ängstigende Seite des Anfangs und des bewußt geführten und auch genossenen Lebens. „Das Ende kommt schon von selbst." Es kommt sicherlich, auch ohne daß wir uns darauf vorbereiten; aber es kommt dann so, wie wir es uns nicht erhofft, nicht vorgestellt haben – wenn wir überhaupt an Alter, Krankheit, Lebensende gedacht und gar darauf uns vorbereitet, das in unser Leben eingeplant haben. Der Drang nach Jugend oder wenigstens Jugendlichkeit, die weitgehende Verdrängung von Alter, Krankheit, Leid und Tod aus dem öffentlichen Bewußtsein, die Verschleierung alles Unangenehmen bis hin zur Verdrängung zeigt, daß viele Menschen, daß unsere Gesellschaft insgesamt sich dem letzten Lebensabschnitt als einem bewußt gestalteten und nicht nur irgendwie erduldeten Teil unserer Existenz nicht stellt. Es gibt ja keine „Alten" mehr, nur noch „Senioren", um nur ein Beispiel zu geben dafür, wie durch unsere Sprache unser Bewußtsein beeinflußt, Unangenehmes verdrängt wird. Und diesen Senioren wird suggeriert, daß das Beste, was sie aus ihrem Leben nach Beruf, Arbeit und Existenzvorsorge machen können, Genuß und Unterhaltung sind, so als sei mit der Verabschiedung in den Ruhestand ein ständiger Unruhestand in Form von permanentem Urlaub ausgebrochen. Das Konsumieren des Lebensabends zeugt davon, daß vieles im bisherigen Leben sehr – wenn nicht überhaupt – unter dem Vorzeichen des Mangels oder des Verzichtes empfunden wurde: Arbeit ist für immer mehr Menschen nur Broterwerb und immer seltener Erfüllung des menschlichen Gestaltungsvermögens und -willens, einer beruflichen wie ganzmenschlichen Erfüllung. Daß es zu einer solchen Vorstellung von Arbeit als irgendwie gearteter und möglichst gut dotierter Tätigkeit zum Erwerb des Lebensunterhaltes kommen konnte, hat vielfältige Gründe, die hier nicht dargelegt und analysiert werden können. Das Faktum allerdings ist unbestreitbar: Das Alter wird heute im Unterschied zu früher seltener verstanden und zu gestalten versucht als eine eigene Lebensphase, in der der Mensch sich weiterentwickelt – also nicht rückwärts gerichtet auf das Nachholen von vermeintlich Versäumtem ausgerichtet ist – und zwar seiner Situation entsprechend. Im Alter kann manches aufgearbeitet werden, was bislang versäumt worden ist; aber das ist nicht alles: Das Alter birgt in sich die Chance der Reife. Der Mensch kann Abstand gewinnen, kann lernen zu unterscheiden zwischen dem, was wirklich wichtig ist, und dem, was ihm wichtig erschien, woran er sich geklammert hat, wovon er glaubte, das wäre er, dabei war es nur ein Teil seiner Rolle, die er gerne und mit Erfolg spielte; doch das Spiel ist irgendwann zuende.

Hand in Hand mit dem Bemühen, die Jahre nach dem aktiven Berufsleben noch zu genießen, solange die Gesundheit dazu ausreicht, geht das Bedürfnis nach wirtschaftlicher Unabhängigkeit im Alter. Niemals zuvor gab es in unserer Gesellschaft so viele Menschen, die auch nach den Jahren des eigenen Broterwerbs individuell finanziell abgesichert sind. Das ist ein großer Fortschritt unseres Gesellschaftssystems und innerhalb dessen der sozialen Absicherung aller. Doch wird uns heute bewußter als wohl je zuvor, daß diese Absicherung des Individuums an Grenzen stößt: Das System ist auf Dauer nicht mehr finanzierbar; unsere Gesellschaft hat sich übernommen. Die Zukunft wird nicht in der umfassenden Unabhängigkeit und Absicherung aller als Individuen liegen, sondern wird uns wieder mehr auf die Solidarität verweisen, von uns wieder mehr soziales Verhalten verlangen. Das ist nicht in erster Linie eine moralische oder religiöse Frage, sondern eine Überlebensfrage moderner Gesellschaften. Das gilt im übrigen nicht nur für die Generation der Älteren und Alten, sondern auch für die Jungen, von denen immer mehr als „Single" leben, wobei vordergründig oft die persönliche Unabhängigkeit falsch eingeschätzt wird. Wo der einzelne nicht mehr eingebunden ist in eine lebendige, ihn tragende, aber auch von ihm mitgetragene Gemeinschaft, da ist er gerade da und dann von Einsamkeit und Lebensangst erfüllt, wenn er in Grenzsituationen kommt: in die Beschränkungen durch das Alter, in eine Krankheit, in die Vereinsamung durch eine Behinderung, zum Sterben. Da beginnen die wirklichen Herausforderungen des Alterns und Alters: Sich selbst loslassen auf eine unbekannte, ungewisse, ja bedrohlich erscheinende Zukunft hin, ohne in Panik zu geraten, in Depression oder in die Versuchung, mit dem Leben „rechtzeitig" Schluß zu machen. Der Mensch, der nur sich selbst gesucht und gekannt hat, erlebt das plötzlich von ihm verlangte Loslassen als Katastrophe, denn er verliert damit den einzigen Halt: sich selbst. Wer nur davon gelebt hat, daß er viel geleistet hat, muß in dem Moment, da seine Leistung nachläßt, in Selbstzweifel geraten; verliert er seine Arbeit, seine berufliche Stellung, wird er nicht mehr gebraucht, dann stürzen seine Welt und sein Selbstwertgefühl wie ein Kartenhaus zusammen. Die Erfahrung des Nicht-mehr-gebraucht-Werdens, der Nutzlosigkeit trifft den am schwersten, der sein Leben lang davon gezehrt hat, daß er gebraucht wurde, daß er sich unersetzlich vorkommen durfte. Die Schuld daran, daß es soweit kommen kann, liegt sicherlich nicht allein bei den einzelnen; das System einer modernen, stark auf Konkurrenz gründenden Wirtschaft, fordert und überfordert den Menschen. Auch das ist ein Stück des Preises, den unsere Gesellschaft zu zahlen hat, um weiterhin wirtschaftlich so erfolgreich zu sein und eines des teuersten Sozialsysteme finanzieren zu können, in dem dann die in ihrem Berufsleben Ausgepoverten gut versorgt werden.

Zu den Grenzerfahrungen gehört neben dem Alter und dem damit weitgehend identischen Bewußtsein des Überflüssigseins die Erfahrung der Vereinsamung. Früher war es vor allem der frühe Tod des Lebenspartners, der viele diese Grenzerfahrung machen ließ, wobei dann die noch stärker sich als tragend erweisende Großfamilie eine Hilfe und Stütze war. Heute hat die Erfahrung der Vereinsamung in stärkerem Maße auch noch andere Ursachen: das Zerbrechen von immer mehr Ehen und festen Lebensgemeinschaften mit schmerzlichen sozialen Folgen nicht nur für die Partner, sondern auch für die Kinder. Auch hier geht es nicht um eine moralische Frage, sondern vielmehr um das Gesellschaftsmodell, das bei uns vorherrschend ist. Die einseitige Betonung des Individuums führt zu einer Atomisierung der Beziehungen, die gleichsam dem freien Spiel von Angebot und Nachfrage unterworfen sind. Dabei fallen aber viele der Zuneigung Bedürftige – und wer wäre nicht ein solcher? – aus dem „Marktgeschehen der Beziehungen", weil für sie kein Bedarf zu bestehen scheint oder die fehlenden Beziehungen selbst durch ein großes Angebot von Veranstaltungen, Einladungen und Treffen nicht ersetzt werden können.

So bleibt der Mensch allein gelassen, vor allem der – aber nicht nur er –, der selbst bewußt einen Weg möglichst großer Selbständigkeit und möglichst geringer sozialer Bindung und Verpflichtung gewählt hat. Wer bei anderen Menschen beheimatet ist – und das bedeutet auch: wer bei ihnen auch dann bleibt, wenn es nicht nur für ihn schön und angenehm ist –, der wird auch eher die Zeit, da er sich selbst mehr und mehr loslassen muß, empfinden als ein Getragen- und Aufgefangenwerden durch die, denen er verbunden und verpflichtet ist. So kann Altern zu einem Ablösungsprozeß werden, bei dem der Mensch nicht allein ist. Das Bewußtsein, nicht verlassen, nicht abgeschoben, nicht aufgegeben oder gar nur noch ein Fall für das Altersheim und dann für das Pflegeheim und schließlich für das Sterben zu sein, erhält dem Menschen seine Würde. Es ist kein Zufall, daß in medizinisch und sozialtechnisch hochentwickelten Gesellschaften in den letzten Jahren die Hospizbewegung eine so starke Verbreitung gefunden hat, eine Bewegung, die das Sterben als einen bewußten Prozeß des Hinausgehens aus der bisherigen und einen Übergang in die zukünftige Welt versteht, als einen Übergang des Menschen aus seinem vertrauten Lebensraum durch den Tod in die neue Welt. Bei diesem letzten, vielleicht schwierigsten Lebensschritt allein gelassen zu sein, kann für den Menschen die tiefste Enttäuschung seines Lebens sein, gegen die er sich nicht einmal mehr wehren kann. Dann wird es dunkel um den Menschen und in ihm. Der Lebensabend bricht heran, der nicht verwechselt werden darf mit dem Ruhestand nach der Pensionierung. Abend meint, daß das wie ein langer Tag erfahrene Leben sich dem Ende zuneigt; daß die Zeit gekommen ist, nicht nur das Werkzeug, sondern das eigene Leben aus der Hand zu legen, nicht mehr festhalten zu wollen, was doch nicht gehalten werden kann. Der Abend ist nicht das Ende; er ist eine wichtige Zeit und Erfahrung des Zurückschauens, des Abschließens, des Sich-Versöhnens, mit sich selbst, mit seinem Schicksal und mit anderen.

Zu den schmerzlichsten Grenzerfahrungen gehören Krankheit und Leid in ihren vielfältigen Formen. Zunächst macht der Kranke allerdings weniger die Erfahrung des Lassens als eines bewußt von ihm Geleisteten. Wir erfahren Krankheit in der Weise, daß uns etwas genommen wird, etwas, das uns nicht nur sehr wichtig und wertvoll war, sondern das ein Stück unseres Selbst war, etwas, mit dem wir uns identifiziert haben. Denn Krankheit gehört nicht zu dem, was wir als das Ideal des Lebens ansehen. Krankheit ist ein Unglücksfall, eine Panne, die möglichst schnell behoben werden muß; eine Reparatur, die mit wachsendem medizinischem Fortschritt immer einfacher und wirksamer gelingt. Krankheit ist ein Schönheitsfehler des gesunden Menschen. Kranke werden heute nicht mehr deshalb aus unserer Gesellschaft ausgegliedert und an den Rand – vor allem des Bewußtseins – gedrängt, weil sie ansteckend sind, sondern weil sie die Gesunden mit der Möglichkeit eigener Krankheit zu konfrontieren drohen. Krankheit wird verdrängt, so lange es möglich ist; und wenn es gar nicht mehr geht, wird sie behandelt, möglichst wirksam. Daß der Kranke ein Mensch ist, der eine Seele hat, die danach fragt, was die Krankheit für ihn als Menschen bedeutet, wird dabei leicht übersehen. Krankheit ist eben mehr als nur ein zu reparierender Zustand dieses oder jenes Körperteils. Krankheit läßt den Menschen fragen nach dem Warum: Warum bin ich plötzlich krank? Was bedeutet meine Krankheit? Woher kommt sie? Habe ich sie selbst verschuldet? Werde ich wieder gesund werden? Oder muß ich von nun an mit meiner Krankheit, mit meiner Behinderung, also mit Einschränkungen, leben?

Das sind die Fragen, die sich dem kranken Menschen stellen. Es sind Fragen nach Sinn und Schuld, nach den Folgen und nach der Zukunft. Und es sind Fragen, die dem ganzen Menschen Angst machen. Am schwersten wiegt die Frage nach dem Warum: „Warum ich? Warum passiert gerade mir das?" Fragen, auf die es keine schlüssigen

Antworten gibt. Fragen, die einen Prozeß des Loslassens in Gang setzen können. Denn bevor der Kranke in seiner Krankheit seine bisherige Gesundheit, seine Leistung, seine Stellung, sein Image und was ihm sonst noch wichtig, ja wesentlich erscheint, loslassen kann, muß er sich mit sich selbst und mit seinem Bild von sich auseinandersetzen.

Jede Krankheit, vor allem aber die schwere, ist eine einschneidende Behinderung. Die Krankheit krempelt das Leben des Menschen um, oftmals umfassender, ja totaler, als er es bisher erlebt hat oder sich vorstellen konnte. Der Kranke und Behinderte muß sich neu orientieren. Er muß vieles neu lernen, muß lernen, wie er sich behelfen kann. Er ist abhängig von fremder persönlicher oder technischer Hilfe: Er braucht einen Rollstuhl oder eine Prothese, muß regelmäßig an die künstliche Niere, braucht einen Blindenhund oder sonst eine Hilfe. Für einen selbständigen und selbstbewußten Menschen stellt diese Seite der Krankheit oft ein großes Problem dar. Seine Welt hat sich innerhalb kurzer Zeit stark, vielleicht völlig verändert. Trifft ihn die Krankheit oder Behinderung auf dem Höhepunkt seines von Leistung und Erfolg dominierten Lebens, so kann das nicht nur große Unsicherheit hervorbringen, sondern führt häufig auch zu Depressionen. Werden diese überwunden, dann besteht die Chance, daß die noch verbleibende Zeit – auch eine Vorstellung, etwa unter dem traumatischen Bild von der Sanduhr, die vorher völlig unbekannt, weil nie reflektiert wurde – eine neue Dimension erhält. Was vorher in vollen Zügen und oft auch maßlos genutzt, ja verschwendet wurde, die Lebenskraft, wird nun zum kostbaren, weil schnell verrinnenden Gut. Die Krankheit ist nicht einfach der Anfang vom Ende, und sie führt auch nicht unweigerlich zum Tod. Die Krankheit ist eine eigene Welt – und damit auch eine Chance! Sie prägt das Leben – und das nicht nur negativ, auch wenn ihre Ursache verständlicherweise so empfunden wird. Den Kirchenvätern galt die Krankheit als eine Chance der Reinigung von Leidenschaften, von allem Übertriebenen, das nicht nur dem Leib, sondern auch der Seele schadet. Das Bewußtsein von den Chancen einer Krankheit ist aber auch in der Moderne wach geblieben, also zu einer Zeit, als die Medizin große Erfolge machte. Von Albert Camus ist das Wort überliefert: „Die Krankheit ist ein Kloster mit seiner Ordensregel, seiner Askese, seinem Schweigen und seinen Erleuchtungen". Ein Bild, das zu meditieren sich lohnt: Die Krankheit als eine Lebensschule, als eine zweite Schule nach der ersten, in der wir gelernt haben, die Welt zu erobern und uns untertan zu machen, sie nach unserem Willen zu gestalten. In der zweiten Lebensschule geht es nun darum zu lernen, wie man das Gestaltete und Erworbene losläßt und damit auch die Rolle aufgibt, die man bisher gespielt hat. Die letzte Lektion handelt davon, wie man sich selbst losläßt.

Die Krankheit ist eine eigene Welt, eine Welt, in der ein Gesunder sich fremd fühlen muß, der er aber irgendwann auch einmal angehören wird. Es ist eine Welt, die bestimmt ist von Grenzen, deren Bewohner sich aber nicht von diesen Grenzen definieren lassen wollen.

Was habe ich schon alles gelassen? Womit habe ich schon Schluß gemacht? Wovon habe ich mich bereits innerlich gelöst, wovon habe ich mich getrennt? Wovor bin ich weggelaufen? Nicht jedes Aufhören gelingt, ist ein wirkliches, von innen kommendes Lassen. Was muß ich, was müßte ich jetzt endlich lassen? Was hinter mir lassen? Wen verlassen?

Das Bewußtsein, etwas lassen zu müssen, hat fast immer mit der Erfahrung von Grenzen, die einem persönlich gesetzt sind, zu tun: Ich muß lassen, weil ich nicht mehr kann und keine Kraft mehr habe. Ich muß lassen, weil ich krank bin. Ich muß lassen, weil ich zu alt bin. Ich muß lassen, weil ich mir zuviel zugemutet habe. Ich muß lassen, weil ich mir selbt geschadet habe. Bei diesen eher negativen Erfahrungen darf es aber nicht bleiben. Auf sie müssen vielmehr positive Einsichten und Begründungen folgen: Ich muß lassen, um neu anfangen zu können. Ich muß lassen, um frei zu werden für etwas Neues, für jemanden.

Das Symbol

Innere Einstellungen, Haltungen und Dispositionen können nicht nur mit Worten beschrieben, mit Theorien erläutert werden. Manches Mal hilft eine Geste, ein Symbol, eine Bewegung besser, das Gemeinte und Umschriebene zu veranschaulichen. Ein sprechendes Symbol für das Loslassen ist die geöffnete Hand in ihrer doppelten Deutung: Sie ist offen, zu geben; und sie offen, zu empfangen.

Den Tod täglich vor Augen haben

Dieses Wort aus der Regel des heiligen Benedikt hat zu jeder Zeit provoziert und ist oft mißverstanden worden. Benedikt geht es nicht – wie der Religion und speziell den christlichen Kirchen häufig vorgeworfen wird – um eine ständige Todesangst, die den Menschen niederhält und ihn Gott und Kirche gegenüber gefügig macht. Benedikt geht es um etwas anderes; das wird schon deutlich aus dem Kontext, in dem dieses Wort steht. Es findet sich im vierten Kapitel der Regel Benedikts, die nicht nur seit anderthalb Jahrtausenden das Mönchtum und das gesamte Ordensleben nachhaltig beeinflußt, sondern darüber hinaus ein wichtiges pädagogisches Dokument darstellt. Benedikt stellt die Aufforderung „Den Tod täglich vor Augen haben" in den Kontext einer größeren Aufzählung von grundlegenden Haltungen und Handlungsweisen, die auch wieder nicht etwas nur Mönchisches, sondern für alle Christen von Bedeutung sind.

Mit der Aufforderung, den Tod täglich vor Augen zu haben, will Benedikt gerade nicht zu dem verleiten, was unsere Gesellschaft charakterisiert: eine krankhafte Fixierung auf den Tod, die nicht dadurch entsteht, daß die Menschen häufig an den Tod denken, von ihm reden und sich mit ihm beschäftigen, sondern dadurch, daß sie den Tod verdrängen. Eigenartigerweise ist diese Verdrängung gerade in einer Gesellschaft weit verbreitet, die sonst kaum noch Tabus kennt, in der man über alles reden kann, wie die Talkshows im Fernsehen zeigen: über alles aber nur in einem durch Verdrängung neuer Art abgesteckten Rahmen. Und darin ist bei aller Liberalität der Lebensgestaltung – oder vielleicht gerade ihretwegen? – kein Platz für den Tod und schon gar nicht für das Sterben. Daß so wenig offen und öffentlich über Sterben und Tod gesprochen wird, kann auch nicht daran liegen, daß heute mehr Menschen sterben oder früher oder unter schwierigeren Verhältnissen sterben als früher. Im Gegenteil. Wie weit wir uns entwickelt haben, wird deutlich, wenn wir einen kurzen Blick zurück werfen.

Länger leben und später sterben

Vor den großen Fortschritten der Medizin in unserem Jahrhundert starben die meisten Menschen infolge ihrer ersten ernsten Erkrankung. Ein Neugeborenes hat heute die Chance, doppelt so alt zu werden wie ein Neugeborenes vor hundert Jahren. Wenigen Menschen war bis ins 19. Jahrhundert ein hohes Alter und damit verbunden ein langer Prozeß des Altwerdens beschieden. Das Loslassen auf den Tod hin, das bewußte Sterben war damals in den meisten Fällen ein Prozeß der relativ kurzen Vorbereitung auf den drohenden Tod. Und so ist es auch heute in vielen, dem damaligen Mitteleuropa ähnlichen Gesellschaften. Das Sterben war damals selbstverständlicher; ob es immer bewußt vollzogen und angenommen wurde, sei dahingestellt. Es war sicherlich mehr Ergebung und auch Resignation damit verbunden. Durch den medizinischen Fortschritt unseres Jahrhunderts ist das Leben der Menschen im Durchschnitt deutlich verlängert worden; ob das Leben als Ganzes und das Altern speziell dadurch „menschlicher" geworden ist, kann bezweifelt werden. Bei allem, was unsere und vergleichbare Gesellschaften gewonnen haben, scheinen wir auch etwas verloren zu haben, das sich nicht leicht in Worte fassen, vielleicht aber so umschreiben läßt: Dem heutigen Menschen fällt das Sterben schwerer als Menschen früherer Generationen.

Das Loslassen fällt schwer; da scheint ein Zusammenhang zu bestehen: Je mehr der Mensch hat, desto schwerer fällt es ihm, etwas abzugeben, vor allem aber das eine, das wichtiger und wertvoller ist als alles andere: das Leben. Ob es sich dabei nur um eine Sterbeerfahrung handelt oder ob das für das Loslassen des Menschen insgesamt gilt, kann hier offen bleiben. Schwer ist es allemal.

Im Vergleich zu früheren Jahrhunderten stellt das Alter heute eine eigene Lebensphase dar, und zwar in zweifacher Hinsicht: Viele sind heute fast so lange „alt", d.h. im beruflichen Ruhestand, wie sie „jung" oder „noch nicht erwachsen" waren, womit die Zeit vor ihrem Eintritt ins Berufsleben oder in die Verantwortung für Ehe und Familie gemeint ist. Und zum anderen stellt das Alter auch von den menschlichen Möglichkeiten eine eigene Lebensphase her, von den Möglichkeiten, die trotz beruflichen Ruhestandes und einem deutlich empfundenen Nachlassen der Kräfte noch bleiben.

Loslassen bedeutet in dieser dritten Lebensphase zunächst: Fertig werden mit dem eigenen Überflüssigsein, mit der täglichen Erfahrung, nicht mehr gebraucht zu werden, einer Erfahrung, die für immer mehr Menschen immer früher einsetzt, und das nicht nur durch einen früheren Ruhestand, der übrigens längst auch volkswirtschaftlich fragwürdig geworden ist, sondern auch durch zunehmende Arbeitslosigkeit. Die Erfahrung, im Arbeits- und Wirtschaftsleben keine Rolle mehr zu spielen, kann aber auch positive Auswirkungen haben: frei zu sein, etwas anderes Sinnvolles zu tun. Damit sind nicht nur die üblichen Hobbies gemeint oder manche Schwarzarbeit, mit der

Verwandten und Freunden geholfen wird. Der gesamte soziale Bereich unserer Gesellschaft könnte vom menschlichen Potential der Vorruheständler und Arbeitslosen profitieren; hier liegt die Chance, das Ehrenamtliche in Gesellschaft und Kirche wiederzubeleben. Eine sinnvolle, befriedigende und zu leistende Tätigkeit kann den Übergang vom vollen Arbeitseinsatz in die alters- oder krankheitsbedingte Untätigkeit schrittweise gestalten. Denn bei steigender Lebenserwartung und kürzerer Lebensarbeitszeit wird der Prozeß des Loslassens durchaus nicht einfacher, weil die Zeit eines „unbeschwerten Ruhestandes" dazu verführt, das Loslassen zu verdrängen und zu vernachlässigen und so eine echte Vorbereitung auf ein bewußtes Lebensende, auf Sterben und Tod, zu versäumen.

Stufen des Loslassens – Einüben ins Sterben

Was einem leichter oder schwerer fällt, wenn es um das Loslassen, um das schrittweise Sich-Verabschieden aus dieser Welt geht, das ist individuell sehr verschieden. Doch von den für die meisten Menschen in unseren Breiten geltenden Lebens- und Arbeitsbedingungen her lassen sich bestimmte Stufen als typisch beschreiben:
Was wir am häufigsten loslassen müssen, sind Dinge, die uns lieb geworden, die ein Teil unserer Umgebung geworden sind, die unsere Welt, in der wir daheim sind, ausmachen. Zu diesen Dingen kann auch die materielle Lebenssicherung gehören, die – wie die Inflationen und Kriege in diesem ausgehenden Jahrhundert gezeigt haben – massiv gefährdet sein kann. Neben diesen schmerzlichen, weil die Existenz bedrohenden Einschnitten kann der Verlust oder bewußte Ver-

zicht auf Dinge durchaus heilsam sein. Immer wieder gab es in der Geschichte Armutsbewegungen, die meist religiös motiviert oder geprägt waren und einen Kontrast zur allgemein üblichen Verherrlichung von Besitz und Konsum darstellten. Man denke nur an die Armutsbewegung im Mittelalter, deren bekanntester Vertreter Franz von Assissi war. Das Loslassen von Dingen, manchmal ausdrücklich bezeichnet als ein dem Sterben ähnlicher Prozeß, hat Tradition in den Religionen und ist unter dem Stichwort „Aszese" bekannt. Es geht um ein Besitzen, als besäße man nicht, um eine innere Freiheit und Distanz zu den Dingen. Die Formulierung „besitzen, als besäße man nicht" spielt im Ordensleben eine große Rolle. Dabei handelt es sich um eine Haltung, die eigentlich jedem Menschen eigen sein sollte. Wir alle sind ohne etwas in diese Welt gekommen und wissen, daß wir im Tod nichts Materielles mitnehmen können. Das macht den meisten dennoch das Abgeben und Loslassen nicht leichter.

Ich erinnere mich gut an einen alten Mitbruder, der den größten Teil seines Lebens als Handwerker in der Afrikamission gewirkt hatte im Rahmen des dortigen Klosters, zu dem auch ich damals gehörte. Als der Bruder merkte, daß sein Leben bald zuende gehen würde, verschenkte er nach und nach alles, was er an persönlichen Dingen noch in seinem Zimmer hatte. Nach seinem Tod fand man nur noch eine Hose und ein Hemd im Schrank. So möchte ich auch, rechtzeitig und großzügig alles lassen und einmal sterben können.

Das Einüben in das Loslassen von Dingen sollte frühzeitig beginnen, nicht so sehr der Erben wegen, sondern dessen wegen, der sich von den Dingen lösen will. Je mehr wir loslassen, desto freier und offener sind wir für neue Erfahrungen, vor allem die Erfahrung einer Bedürfnislosigkeit, die wir vielleicht nie in diesem Maße gekannt haben und die nun mit dem Gefühl einer neuen Freiheit verbunden ist: Wir brauchen nicht mehr für alles selbst zu sorgen, dieses und jenes noch zu erledigen, uns um das und das noch Gedanken zu machen. Wir können uns endlich und im guten Sinn mit uns selbst beschäftigen, können manches nachholen, was wir an innerer Reife versäumt, wo wir an unserer Seele gesündigt haben. Das wird uns innerlich ruhiger machen, womöglich aber auch erst noch einiges von uns fordern, bis wir wirklich ruhig werden.

Wir müssen uns nach und nach auch von den Menschen lösen, von unserer Umgebung, von unseren Freunden und Verwandten, von unserer Familie und von dem Menschen, der uns am liebsten und unserem Herz am nächsten ist. Das wird ein schmerzlicher Prozeß. Aber im Unterschied zu den vielen Dingen, die uns wichtig waren und von denen wir uns endgültig trennen mußten, weil wir sie nicht mitnehmen können, bleibt die Liebe in uns verwurzelt und wirksam, die Liebe, die wir anderen geschenkt haben, ebenso wie die Liebe, die wir von ihnen empfangen haben. Zu wissen, daß die Liebe bleibt, macht den Abschied nicht unbedingt einfacher, läßt aber die Hoffnung wachsen auf ein Wiedersehen in einer Weise, die wir nur ahnen und in Bildern auszudrücken versuchen können. Das Sterben als ein Verlassen von Menschen mag auch deshalb besonders schwer sein, weil wir für andere Verantwortung tragen und weil andere unter unserem Tod als Verlust leiden. Auf der tiefsten Ebene menschlicher Begegnung wiegt der Abschied auch am schwersten. Loslassen kann aber auf beiden

Seiten heißen: einander verbunden zu bleiben, umeinander zu wissen und füreinander einzustehen. Der Glaube an die Auferstehung allein kann eine Brücke schlagen über den Schmerz des Verlustes von Menschen durch den Tod.

Der Abschied kann noch einmal zu einem Fest der Begegnung und Gemeinschaft werden, dann nämlich, wenn unsere Lieben uns im Sterben nahe sind. Zu oft und zu lange ist in unserer Gesellschaft der Tod verdrängt worden: aus dem Bewußtsein, aus der Familie und aus dem Haus, verlegt in die Anonymität eines Winkels im Krankenhaus oder in die Technik der künstlichen Lebensverlängerung um jeden Preis. Das Sterben hat in vielen Kulturen, auf die wir Menschen des Abendlandes eher herablassend schauen, einen hohen menschlichen Stellenwert. Der Sterbende stirbt nicht irgendwo, wird nicht aus der Gemeinschaft der Lebenden aller Altersstufen und der Gesunden verbannt, so als wäre das Sterben Privatsache und müsse sich möglichst geheim vollziehen. In vielen afrikanischen und asiatischen Völkern versammeln sich um den Sterbenden alle, die ihm verbunden sind. Da ist Leben. Und da ist das Bewußtsein, daß der Sterbende auch nach seinem Tod unter den Lebenden noch gegenwärtig ist, ja daß er gleichsam wiedersteht und als Ahn für die Familie und Sippe weiter sorgt. Dieses Bewußtsein ist teilweise so stark, daß einem Enkel der Name des Verstorbenen gegeben wird, damit er im Bewußtsein der folgenden Generationen weiterlebt.

Zum Schluß müssen wir uns selbst loslassen, unseren Tod annehmen und zum Sterben ja sagen, und das bedeutet: uns ganz Gottes Barmherzigkeit anvertrauen. Das wird selten ohne ein gewisses Bangen, ja ohne Angst geschehen. Zuviel Unfertiges, ja Schuldhaftes kann uns belasten, ob zu recht oder zu unrecht, sei dahingestellt. Jedenfalls macht das Sterben den meisten Menschen Angst. Das wird wohl auch davon abhängen, ob und inwieweit wir uns bemüht haben, dem eingangs zitierten Rat des heiligen Benedikt zu folgen: „Den Tod täglich vor Augen haben." Was uns vertraut geworden ist, weil wir uns damit beschäftigt, ja auseinandergesetzt haben, kann viel von seinem Schrecken verlieren. Da wird dann auch deutlich, daß Sterben und Loslassen nicht allein durch uns gelingen muß und kann. Einüben können wir uns in dieses Sich-selbst-Loslassen neben dem genannten Rat des heiligen Benedikt durch ein bewußtes Leben aus dem Glauben an die Barmherzigkeit Gottes. Manchmal hat man den Verdacht, daß es deshalb so schwer erscheint, an die Barmherzigkeit zu glauben, weil wir selbst, weil das Klima in unserer Gesellschaft so wenig barmherzig wirken. Wir sind verkrampft und verhaftet in uns selbst. Wir meinen, das Leben sei uns noch etwas schuldig und wir dürften, was uns gehört und was uns auszumachen scheint, nicht so leicht loslassen, weil uns dann ja nichts bliebe. Diese Haltung zeigt im letzten nur, wie sehr wir noch an uns festhalten aus Angst, verloren- und unterzugehen. Sterben bedeutet, seine Hand zu öffnen, sich bewußt aus der Hand zu geben und einem anderen anzuvertrauen, dem wir vertrauen und bei dem wir uns geborgen wissen. Die Hand öffnen zu können, erfordert ein langes, ein lebenslanges Einüben.

Die Welt verlassen durch ein bewußtes, freimachendes Sterben, bedeutet, zu Neuem aufzubrechen, zu dem, was wir den Himmel nennen, von dem der Glaube uns sagt, daß er unsere Heimat ist. Den christlichen Kirchen ist es wohl zu wenig

gelungen, den Himmel, die ewige Glückseligkeit
als die letzte und umfassende Erfüllung darzu-
stellen. Statt dessen hat die Vorstellung vom Letzten Gericht dazu verleitet, den Übergang vom
irdischen in das ewige Leben als etwas Bedrohli-
ches aufzufassen und deshalb eben eher zu fürchten, als zu ersehnen. Gelassen sterben kann, wer
sich in Glaube und Vertrauen losläßt auf Gott
hin, die Erfüllung all unserer Sehnsucht und damit das Ziel unseres Lebens. Ein altes Lied, gerne
gesungen am Grab, drückt dieses gelassene Sterben in einfachen Worten und Bildern aus:

O Welt, ich muß dich lassen,
ich fahr dahin mein Straßen
ins ewig Vaterland.
Mein' Geist will ich aufgeben,
dazu mein Leib und Leben
legen in Gottes gnädig Hand.

Mein Zeit ist nun vollendet,
der Tod das Leben endet,
Sterben ist mein Gewinn.
Kein Bleiben ist auf Erden,
das Ewge muß mir werden,
mit Fried und Freud ich fahr dahin.

Auf Gott steht mein Vertrauen,
sein Antlitz will ich schauen
wahrhaft durch Jesum Christ,
der für mich ist gestorben,
des Vaters Huld erworben
und so mein Mittler worden ist.

(1555, Gotteslob, Nr 659)

Gelassenheit – die Frucht des Loslassen

Wer losgelassen hat, was ihn fesselte, wer sich gelöst hat aus den Banden falscher Abhängigkeit, der macht die Erfahrung einer neuen Freiheit: der Gelassenheit.

Das Lassen ist der letzte von drei Schritten, und es eröffnet zugleich den Anfang eines neuen Weges: Wer losgelassen hat und dabei gelassen geworden ist, kann neu anfangen. Es ist wie ein neues Leben, und diese Chance will behütet und genutzt werden. Sie soll aber nicht neue Ängste schüren. Wer vor dem Anfang schon fürchtet, es werde ein schlimmes Ende nehmen, der fängt besser erst gar nicht an. Die Angst ist kein guter Gefährte für den Lebensweg; sie ist genau das Gegenteil der Gelassenheit, die am Ende des Lebens stehen soll: als Frucht des vielen Anfangens, Bleibens und Lassens und wieder neu Anfangens. Doch wie erwirbt man diese Gelassenheit?

Eine wichtige Voraussetzung besteht darin, lassen zu können, was gewesen ist; nicht ständig an dem Vergangenen zu rühren, es wieder und wieder aufzuwühlen. Was war, ist gewesen und soll gewesen bleiben. Das setzt allerdings ein Zweites voraus: Was gewesen ist, muß auch abgeschlossen werden, wirklich erledigt und beendet, nicht einfach zugedeckt, unter den Teppich gekehrt oder verdrängt. Ein Streit muß beendet, möglichst mit einer Versöhnung abgeschlossen sein, sonst flammt er bei der nächsten Gelegenheit wieder auf. Eine Arbeit muß sauber fertiggestellt sein, dann kann man mit Ruhe Feierabend machen. Halbe Sachen bleiben ewig liegen. Es ist eine gute Gewohnheit, den Tag abzuschließen: mit einem kurzen Rückblick und einer damit verbundenen Besinnung, mit dem Vergeben-Können und dem

Um-Vergebung-Bitten; und möglichst mit einem Abendgebet zu dem, der der große Versöhner ist und in dem wir alle miteinander und mit dem Vater versöhnt sind. Überhaupt können wir nur lassen, womit wir uns versöhnt haben; ohne Versöhnung werden wir immer wieder darauf zurückkommen, und statt Friede wird es in unserem Inneren neue Unzufriedenheit und Unruhe geben. Womit man sich nicht versöhnt hat – gerade auch in seinem eigenen Leben –, das bleibt liegen, bleibt offen und wird keine Ruhe geben. Als Verdrängtes wird es bald wieder an die Oberfläche unseres Fühlens, Wollens und Denken steigen.

Innere Unruhe hängt eng zusammen mit uneingestandenen oder verdrängten Ängsten, mit heimlicher und damit nicht aufgearbeiteter Schuld; daraus entsteht Unsicherheit, die wieder in neue Verstrickungen führt. Zur Ruhe gelangen können wir nur, wenn wir uns dem anvertrauen und überantworten, der allein die Unrast unseres Herzens zur Ruhe bringen kann. Augustinus hat diese innere Unruhe gekannt und von ihr gesagt: „Unruhig ist unser Herz, bis es ruht in dir." Er knüpft damit an ein Wort Jesu an: „Kommt alle zu mir, die ihr euch plagt und schwere Lasten zu tragen habt. Ich werde euch Ruhe verschaffen" (Mt 11,28).

Damit Ruhe einkehren kann, müssen wir uns beruhigt haben, nicht mit Ausreden, mit Halbwahrheiten, mit Leugnen und Verdrängen, sondern durch ein Eingeständnis unserer Fehler und Schwächen, unserer Schuld und Sünde. Die Selbsterkenntnis ist eine unabdingbare Voraussetzung für die Gelassenheit; Selbsterkenntnis ist das Gegenteil von Selbsttäuschung durch Ausreden und Vorwürfe an andere. Auf dem Hintergrund der

Selbsterkenntnis und einer realistischen Selbsteinschätzung können wir uns mit uns selbst, mit unserer Geschichte und unserer zu erwartenden Zukunft versöhnen: mit uns selbst, mit unserer Vergangenheit, mit unseren Fehlern ebenso wie mit unseren Erfolgen, mit unseren Träumen und Wünschen wie mit unserer erhofften Zukunft – und auch mit dem Heute, dem Alltag, dem Alltäglichen und momentan gar nicht so Großartigen. Selbsterkenntnis muß ehrlich sein: Wir dürfen nicht zu gut, aber auch nicht zu schlecht von uns selbst denken. Beides schadet mehr als daß es hilft, denn beides geht von falschen Voraussetzungen aus, auf denen man nicht aufbauen kann. Selbsterkenntnis meint nicht, daß wir unsere guten und schlechten Seiten nebeneinanderstellen und so eine Bilanz ziehen, die auf Null kommt, womit wir also „ausgeglichen" zu sein scheinen. Wir erkennen uns nur selbst – und das meistens auch nur mit Hilfe anderer –, wenn wir uns anschauen, wie wir wirklich sind, wenn wir uns prüfen, ohne uns etwas vorzumachen oder uns mit anderen zu vergleichen.

Das Bild, das wir bei nüchterner und ehrlicher Selbsterkenntnis und -einschätzung von uns erhalten, wird uns vielleicht nicht in allem gefallen und passen. Doch nur wenn wir dieses Bild von uns – und damit uns selbst – annehmen, uns mit uns versöhnen, können wir zur Ruhe kommen und gelassen werden. Das hat nichts mit faulen Kompromissen, mit Selbstentschuldigungen oder mit Selbstbetrug zu tun. Im Gegenteil: Nur aus der Annahme dieses Menschen, der ich bin und wie ich bin, kann ich mich mit mir selbst versöhnen, kann auch von mir lassen und mich loslassen hin auf den und auf das, was noch kommen wird. Das ist Gelassenheit, die Frucht des Loslassens.

MÜNSTERSCHWARZACHER KLEINSCHRIFTEN

Schriften zum geistlichen Leben ISSN 0171-6360